搞懂男人的戀愛邏輯

談一場雙向奔赴的戀愛

羅馬 著

都會兩性圖鑑

前言

妳有過這樣的經驗嗎：戀愛前總是嚮往戀愛中的美好；進入感情後才發現，天啊，這好像是個坑，讓妳不禁納悶：「他到底在想什麼？」

在這自由多元的時代，談戀愛已經不單單是為了結婚，多數人都更希望能在感情中品嘗甜蜜與幸福，收穫一段舒服的親密關係。不過，如果不曾好好地探索伴侶的想法，沒有了解男人在親密關係中想要什麼、不想要什麼，就一廂情願地認定「戀愛本該如此」、「男人就是ＸＸＸ（歡迎讀者們自行代入各種形容詞）」，那麼最後很可能就會迎來分手的局面，或至少肯定是一段讓妳滿心憋屈、滿頭問號的感情狀態。

因為諮詢的關係，我看過許多女性朋友在戀愛當中，總是充滿抱怨以及對伴侶的不理解，在不了解男人戀愛邏輯的狀況下，所有的溝通方式可能都是事倍功半，不但模糊了原本應該看重的焦點，還很容易讓一個問題衍伸出另一個新的問題，導致兩個人的紛爭沒完沒了，情份都被吵到淡薄了。

妳可能會認為：「就是男人都不夠細膩呀，所以才看不到我在戀愛當中的需求。」但事實真是如此嗎？

曾經有個諮詢者，她向我諮詢時，抱怨著男朋友種種不夠理解她的表現，她說：「我真的不懂，為什麼兩個人同居相處這麼久，每次吵完架他都不主動來跟我和好，難道他不知道我在不開心嗎？」

如果從她自己的角度來看，可能確實會感受到這男朋友白交了的這種感覺，但我請她仔細想想，是不是過去兩個人爭吵時，她曾經表現出不想講話的態度？她回答：「確實有過，你怎麼知道？」而我回答：「有沒有一種可能性是，妳的男朋友曾經觀察到妳擁有這樣的表現，所以認為先讓妳靜一靜會更好？」在吵架的時候，人往往只會顧及自己的感受，卻忘記了自己所表現出來的樣子可能也會是伴侶的一種參考依據，妳我可能都在感情當中犯過這樣的錯誤。那麼就這個案例來說，我們還會覺得是男人不夠細膩，所以沒有察覺到女人的情緒嗎？

如果妳也看懂了上述的癥結點，代表妳具備客觀的洞察力，畢竟大部分的女性朋友對於男人的理解往往停留在「追求」、「曖昧」、「約會」這幾個階段所帶來的刻板印象。除非，進入一段關係去驗證，不然看到的都只是男性極力「想要表現好」的那一面，自然而然會把這種「表現好」當作是一個基準，所以一旦男人做出一些超出妳預期劇本的行為，妳更有可能因為過往不好的經驗，讓妳常常將伴侶的行為跟這些情感創傷做連結。

我相信會拿起這本書的妳，一定曾捫心自問：「到底有問題的是自己，還是對方？」然後一邊焦慮一邊找尋各種能有效判讀男性行為動機的方法。那麼妳是否也曾因為找不到方法，只好繼續將就於一段不滿意的關係之中呢？或者是分手後開始自我懷疑「該不會自己根本不適合談戀愛吧」、「對方一定是爛咖才會跟我分手」

這樣的想法呢？

雖然情傷的後座力會突然浮現，但如果一味地用這種二分法、非黑即白的標準來看待戀愛與伴侶，就可能永遠無法用理性的角度去看待並解決戀愛當中的種種問題，也無法從戀愛經驗中得到重生，陷入「疑惑↓抱怨↓批判↓爭吵↓無奈↓分手↓內心受傷」的死循環，不僅把感情這條路走得越來越窄，對自己的人生也沒有一點幫助。

所以每當有粉絲問我：「羅馬，你覺得談戀愛的方式應該是要感性，還是理性呢？」我總是回答：「相處的時候，多半靠感性；解決紛爭的時候，多半靠理性。」會有這樣的結論是因為我和多數人一樣，在剛步入戀愛關係時，會直覺性地讓自己的感性來決定感情的走向，卻往往以失敗收場。隨著感情經歷越來越多，我漸漸學會透過採取理性的策略、維持清醒的頭腦，慢慢發現一直存在於感情中的問題端倪——在需要思考的地方，想得太少；在應該察覺的行為訊號上，了解得不夠。

所以接下來的文章，將有別於一般的療癒雞湯文，我會分享我在社群經營兩性關係的諮詢經驗以及容易被忽略的一些兩性生活日常來做舉例，讓大家能嘗試用第三人稱的理性角度來觀察那些似曾相似的戀愛情境與心情，從中得到一點反思。

如果妳正處於一段不滿意的關係中，我希望妳看完這本書後，能夠更加理解另一半不知道如何說出口的想法。如果妳還深陷上段感情的打擊，拼命地想忘記那些不好的體驗的話，我也希望這本書能帶妳從經驗中學習成長，更重要的是慢慢學會如何愛自己。或許書中所提到的現實觀點，會有點讓妳難以招架，不過，我相信這本書一定能帶給妳一個有別於以往的思維，重新看待戀愛這件事，收穫一段雙向奔赴的戀情。

目錄

第二章

在戀愛中總是疑惑？那些男人沒說出口的事

第三章

深度解析男人的戀愛視角，建構良好感情地基

目錄

目錄

Chapter 1

男人真的像妳想的那樣嗎？

1 男人都很膚淺，根本視覺動物

從求學到出社會，一定會遇到一種狀況，男人總會輕易地在朋友眾多的場合，大放厥詞地評論：「那個女生胸部好大」、「那個女生屁股好翹」、「那個女生根本天菜！」想必妳對這些話一定不陌生吧？身為男人的我，也有過這類誇獎女性性特徵的行為。如果說女人好奇心很強，我認為男人也不遑多讓。尤其是男性朋友之間聽到對方交了女朋友，開口第一句總是「長怎樣？我看一下。」畢竟在這個年代，外表很容易成為認識別人的第一印象。

許多女人都有類似「男閨蜜」或「兄弟」這樣的男性友人，無論是閨蜜或是兄弟，通常這就是女性接收到男性思考模式的管道，他們會將男人對於女人的各種奇奇怪怪的想法散播給女性，於是大部分的女人就認為男人看待異性的想法，只剩下這個女人是否有滿足「腰細、胸大、屁股翹」這樣的刻板印象。

尤其大眾的審美角度越來越苛刻，玲瑯滿目的保養品、健身房跟大街小巷供過於求的醫美診所就是最好的證明。

「來ｘｘ醫美，從此不怕老公離你而去。」

「連身材都控制不了，你還能控制什麼？」

層出不窮的毒雞湯式文案，正是商人用來販賣容貌焦慮的武器，深入直擊女性內心的痛點。

不可否認地，男人們集結在一起時，話題總是圍繞在女人的外型打轉。我自己也曾經是外貌協會的忠誠會員，不過因為愛面子，所以我通常會對外否認自己注重對象的外貌，但以前的我的確非常在意，萬一交了一個相貌平平的女朋友，有很高的機率會被同儕笑話。可見，男人在還不太認識對方的狀況下，對女人的判斷依據幾乎就剩下「外表」。

兩年前，我剛和當時的女朋友交往一個月。有次我和朋友們聚餐時，一位男性友人突然語重心長地講了一句：「我真的覺得你的女朋友配不上你。」我訝異地問他：「是什麼原因？」他只是淡淡地回答：「我覺得光是外表就不配。」當下的我內心五味雜陳，也在心中默默問自己：「難道，我也可以讓人配不上嗎？」或許平常的我比較客氣，所以不曾思考這類問題。好在當時女友並不在場，不然應該沒有女生能接受這樣的評論。

外表影響男人是否能對女人產生好感，還有另外一個原因，來自男性的原始慾望——對性的渴求。

男性在少年時期對於性的好奇心是可以比肩學業的，我鮮少聽到有情侶會在熱戀初期，直接過上老夫老妻的那種無性生活。

就以我的經驗來說，我在大學時期所交往的女朋友是一位愛好自由的人，有著迫切了解這個世界的慾望，對於大學時期的她來說，最重要的事情就是探索這個世界。而我因為在遇見她之前，就已經談過幾段失敗的戀愛，所以比起探索花花世界，我更傾向穩定且有安全感的生活。正是因為兩個人是如此的不同，大概交往一年後，我就認清這段感情難以繼續，但我也像那些沒談過幾段戀愛的男性朋友一樣，被「如果分手，那我要就回到單身的無性生活了」這種焦慮困擾著。

更為了這樣的原因，即便對方在後期已經很明顯的不想經營感情，甚至態度冷淡，我卻也只是敢怒不敢言。現在回想起來，當時的我，好像勢必要在自身的慾望跟對方的高姿態之間去做出取捨。

關於這點，後來我也向多位男性好友求證過，哪怕大家都已經到了奔四的年齡，普遍還是認為伴侶能不能引發自身的性慾很重要，這是很多男性的擇偶標準之一。就如同我曾經聽女性朋友說過：「順眼的定義，就是要我能親得下去。」那男性的順眼定義可能更像是「要有辦法跟對方發生性關係吧。」

打個比方，如果女性朋友在不知道對方是否具備善良這個特質的前提下，一定都是以外貌比較出眾的那位優先考慮交往。但如果要進入一段正式的交往關係，除了外在條件之外，也該考量這個人是否品行端正、經濟獨立。不只是女性懂得選擇優秀的男性，其實男性也懂得如何正確挑選優秀的異性。

男人的確容易被外表吸引（其實女人也是啦），但在戀愛中，一位思想成熟的男性除了關注妳的外在條件性不性感之外，也非常重視妳的腦袋是否也性感。「顏值」，或許是建立關係的第一步，但並不全然能左右一段感情可否順利發展。

在這個容易產生容貌焦慮的時代，女人追求美的渴望是無盡的深淵。雖然追求外在是沒有盡頭的一條道路，但在這條道路上也千萬別忽略內心的美麗、對生活的打理，因為這些才是構成一個男人願不願意跟妳「認真經營下去」的重要關鍵。

回到前面朋友覺得我女朋友配不上我這件事情，其實我聽完朋友的發言雖然驚訝，但我並不在意，因為我很清楚了解到這個女朋友她身上的各種附加價值才是重點。因為對男人來說，能發展一段美好感情、經營長久關係的對象，除了順眼的外表以外，還需要具備某些特質。

以下幾點，是從我的自身經驗和眾多諮詢中，所總結出的男性所重視的異性特質，也會跟接下來的主題有很大的關係，先提供給正在感情中煩惱的妳一個大方向，慢慢地修正。

◆是否是一個樂觀的人。
◆是否擁有自己的興趣。
◆是否有換位思考的能力。
◆能否朝平等的付出努力。
◆她的善良不是選擇性的。

2 喜歡甜言蜜語，一定都是渣男

在解釋這個誤區之前，我想先請妳想像一個情況：如果一位剛認識不久的男性説出「妳今天好美喔」，跟男朋友説出「妳今天好美喔」，妳分別會有怎樣的感受呢？有些人或許會覺得被讚美很開心，但多數女性對兩者的感受可能天差地別，欣喜於男朋友的讚美，但對前者的讚美則保留懷疑的態度，認為對方是不是有什麼目的才稱讚自己？所以討論一句話到底是甜言蜜語還是口蜜腹劍之前，其實要先看妳如何認定對方跟妳的關係，而對象是誰、場所在哪、什麼時機、談話內容這四種因素也都會影響我們怎麼去判斷對方的意圖。

其實不光是女人，男人也會喜歡聽甜言蜜語。「你今天打扮得很潮耶，跟你出去一定回頭率很高」「超強的耶，原來你會修理水電，那以後家裡水電出問題都交給你啦。」像這類男人會喜歡的甜言蜜語，簡單來說就是透過提供「情緒價值」的能力來取悅他人。

什麼是情緒價值呢？情緒價值就是通過精準的判讀，提供他人當下能接受的氛圍、言語、行為等這類能夠引發對方的內心情緒的共鳴，且上述這些動作能夠對受者產生一定程度的意義，那這就是一個人所能提供的情緒價值。

而情緒價值的提供大多有一個特色，就是先透過取悅對方，而達到施予者想要達成的目的。在這邊暫時不討論最終目的的好壞，我以一件情侶日常來做舉例。如果一個男人常常覺得女朋友明明長得很漂亮，但卻總穿得很MAN，那為了改變救女朋友的穿搭，他可能會跟女朋友說：「寶貝，妳今天的妝好美喔，感覺配上一條短裙一定很搭。」利用這樣的方式，除了誇獎對方，讓對方得到情緒上的滿足以外，也有很大的機率能實現讓伴侶一改往日穿搭風格的目的。

看到這裡，我想妳應該可以逐漸得出一個結論：渣男一定會甜言蜜語，但會甜言蜜語的不一定是渣男。

在諮詢的經驗當中，常遇到女性粉絲來問我：「羅馬，這個男生常常說很想我，很想見到我，又在我展現比較自卑的一面時，常常誇獎說我其實已經很漂亮了，請問他是真心的誇獎嗎？還是只是想從我身上得到好處才這麼說呢？」有時候我會開玩笑跟粉絲說：「我又不是通靈的，我怎麼會清楚呢。」暫且不討論這個男人是否是為了滿足自身的目的，但可以肯定的是，這個男人他是有想要提供情緒價值給這位女性粉絲的，而且至少他願意在這個女生沒有提供情緒價值給他的前提下，早一步優先提供給她。

看到這，妳可能會說：「男人提供女人快樂，不是應該的嗎！不然我幹嘛跟他在一起？」

但是感情的建立本該是雙方互相提供愉悅的感覺給對方，是對等的、是雙向的，怎麼會時至今日變成是男人應盡的義務了呢？這就像網路上常常在戰男女的原因。如果在感情中總是有一方認為某件事情是對方的責任，讓兩人的相處狀況慢慢演變成「假如對方沒做到，我也不想做」，不小心把自己活成了自己最討厭的樣子，那這樣的戀愛還有什麼意義呢？

況且會對誰來提供快樂這件事情產生疑惑，不也就意味著妳對眼前這個男人是有基本程度的在乎及好感的，那直接嘗試交往就是最快速知道兩人是否合適的途徑。妳可能會擔心地說：「我怕受傷呀，萬一我被騙了怎麼辦？」其實這就是戀愛的其中一項悖論，當妳很在乎自己會不會受傷的同時，妳又要怎麼接受來自對方真摯的愛意？假設棒球比賽中，妳擔當捕手，那就做好捕手的工作，接收來自對方的讚美並持續觀察對方是否言行一致，就是最好的解決方式，而不是像外野手一樣，總是用準備接殺對手出局的心態來看待。

其實男性會甜言蜜語絕對不是天生的，這絕對是有經過練習的，沒有人可以渾然天成地說出誇獎及讚美，除非原生家庭本身就有這樣的家庭教育外，否則很少有人天生就知道要做到讚美這件事。因為在華人文化當中，說出難聽的話遠遠要比說出好聽的話容易得多。而能做到說好話不外乎幾個原因：

◆原生家庭的影響

如果家庭從小就有重視鼓勵的教育，那就會知道在充滿鼓勵的氛圍下成長是幸福的。父母的教育就是最好的模範，所以長大成人之後便會在人際關係當中，用這種方式去對待周遭的人。

◆工作領域的需求

部分的工作需要靠「嘴巴」來賺錢，像是從業務人員、門市銷售到教師、心理諮商師等等，為了生存，這類職業的人很早就知道「說對話很重要，但說好話更重要」的道理。

◆感情經歷的挫折

不少人都有在感情中被嫌棄的經歷，男性在感情中被嫌棄的部分往往都是跟說話有關，像是「你怎麼都不溝通」、「你說話很難聽耶」、「你講話很白目耶」這樣的挫折，間接成為了他們學習甜言蜜語的阻力。

在日常生活中我們也不難發現，女人對於那些會說話的男人比較沒有抵抗力，舉個最簡單的例子，我以前有個女同事曾在公司中分享買早餐的經驗。店員開口問她：「美女，需要來一份火腿蛋餅嗎？」接著咖啡店老闆又招呼她：「美女，今天想喝冰美式還是拿鐵？」笑臉迎人的問候夾帶著一句「美女」，哪怕是與她不熟的同事，都可以感受到那種愉悅的渲染力。

所以回到開頭所說的，好好思考一下「妳如何認定對方與妳的關係，會影響妳的看法」這個概念，妳難道會認為親切地稱呼妳「美女」的早餐店店員跟咖啡店老闆算渣男嗎？照道理來說應該是不會的。

今天如果能遇到一位跟妳好好說話並且願意說好話的男性，請務必好好把握，除了說好話，三觀端正的人要更加珍惜。因為在我眾多諮詢案例的觀察中，並非所有男性都能在情緒價值層面持續加強自己，這是一項很珍貴的特質。

如果妳真的對這種甜言蜜語還是感覺不踏實的話，那麼分享一個小方法給妳，讓妳進一步判斷這個男人是想提供情緒價值的暖男還是覬覦肉體的渣男？看看下面的範例。

情境演練【問對方】

目的：測試對方的某項特質是否屬實，而不是為了想提供妳情緒價值才選出最好的回答。

假定今天測試的特質是看這個人是否真的有「環保意識」？妳可以向對方提出以下兩個問題：

1. 如果你逛街的時候，在路邊看到垃圾，是否會順手撿起來？

2. 後來你去海邊，看到垃圾，是否會順手撿起來？

以上兩個問題，核心本質圍繞在是否有環保意識，在沒有特殊原因影響的話，正常來說回答有環保意識的人，應該都會選擇順手撿起垃圾。但如果因為換個時間、換個地點，就選擇不撿、特質就消失的話，那就意味著對方的這項特質是必須要滿足某些先決條件才會出現的，並非個人的長期的潛在特質。如果是這樣，我就會建議再拉長時間對這個人多多進行觀察與判斷，而不必急於進入一段關係之中。讀者可以嘗試用妳很在乎的特質對曖昧對象進行反覆的測驗，這個測驗既不會顯得失禮，又能增加聊天的話題，男女適用。

3 男人就該堅強，幹嘛哭哭啼啼

「男孩子，哭什麼哭？男孩子不能哭喔。」這句話妳一定不陌生，甚至妳可能也曾對親戚朋友的小孩說過類似的話。小時候的我們，幾乎沒有人懷疑過這句話背後的涵意，好像大人既然這樣說，乖乖照做就沒事了，盡量當一個不哭不鬧、不造成別人困擾的乖小孩。也很少有大人會跟男孩子解釋到底為什麼不能哭，只是一味地要男孩子接受因為自己是男生，所以不能哭的事實，於是男人從小就這麼跟堅強畫上了等號。

多數的男人在學生時期並不會感受到經濟壓力所帶來的現實層面，但如果今天是一個已經出社會的男人，那情緒的崩潰可能只在彈指之間。明明已經很辛苦、也很負責地對待自己的工作了，但是薪水就是少得可憐。到月底接踵而來各式各樣的帳單如房租、水電費、電話費、保險費，有家庭的人還會多了小孩子的學雜費、課後才藝費，甚至房屋老舊了可能還會多出一筆裝潢修繕的支出，還有很多看不見的費用都是這樣啪啪啪往臉上飛來，這些經濟上的壓力著實是將男人推向崩潰邊緣的最後一根稻草。

除了經濟層面，壓垮男性的更來自於社會對男性價值的框架——所謂「男性該有的表現」，例如要積極、要上進、要堅強、不能展現脆弱、不能退縮等等。而這樣的「男人應該有的表現」也讓許多女性會自動給男性貼上「堅忍不拔」的標籤，這些或許是早期父權文化所帶來的刻板印象。

男人會談戀愛，出發點絕對不單單是莫名其妙地找個責任來擔在自己肩膀上，而是盡可能找到一位深知自己在成長道路上有多不容易的女孩子，共同相知相惜而相輔相成。不然說白了，誰沒事要去談個戀愛來虐待自己呢？無論男女，都希望談一場彼此照顧的戀愛。

近幾年女性意識抬頭，漸漸沒有以往那種男人該做什麼、女人該做什麼的性別分工，只是目前的社會價值觀仍普遍認為「是男人就該擔起照顧另一半的責任」、「是男人就該堅強一點」，於是男性在戀愛這條道路上，似乎沒有第二種選擇，只能負重前行。而多數的男人也深知，表現得哭哭啼啼之後的結果，除了大大地降低了自身的價值，甚至還有可能被鄙視，形成一種在社會框架與時代進步之間被拉扯、被撕裂的局面。

其實男人大部分真的都是堅強的，為了好好生存而保持著理性的思考，每天權衡人生的各種選擇題。只是男人也是人，面對龐雜的壓力和背負社會認為男性應該個性堅強、經濟實力堅強的價值觀，難免會想發洩情緒、展示脆弱，或暫時把自己擺到一個完全安靜、安全的位置。這種崩潰一般來說都是毫無預兆的。如果女性朋友有遇到男人這麼突如其來的情緒崩潰，盡量避免擺出一副落井下石的姿態，反而應該給予更多正向的鼓勵及幫助。

文化與社會對兩性的價值觀的傳承本來就是悠久且綿密的，以前大家對於男性的刻畫不外乎是剛強、外向、樂觀、粗線條、勇敢這幾種形象，卻很少有人會道出男人其實也很脆弱，也是有需要被鼓勵的一面。隨著時代的進步，在男女分工方面已經沒有這麼多的「理所當然」，男人也應該可以展現脆弱。換個角度思考，或許正因為他的柔弱，所以他可以懂妳的心情，這段戀愛也因此富含更多溫度。

4 男人更愛自己，都不願意溝通

許多情侶的相處狀態甜甜蜜蜜的時候，都相安無事，但每當遇到問題，就直接吵得不可開交或是乾脆不溝通。而男人也可能因為長期的爭吵，漸漸感到疲憊，於是開始裝忙、裝累來逃避感情的破裂。這是所有情侶都可能會遇到的問題。

面對這種伴侶不願意正面溝通的狀況時，女性便容易產生大量的焦慮和不安，甚至委屈地告訴對方：「不愛了就說啊！不講話、不溝通到底是想怎麼樣？」也有可能漸漸出現受害者心態，覺得「為什麼這段感情裡面都是自己一個人在努力，對方卻一副不在乎的感覺？」

於是半夜輾轉反側，心中不禁浮現各種對方不願意溝通的揣測：「是不是因為不夠愛了？是不是外面有別的女人了？又或者是他懶了？明天他到底會不會回我訊息？到底要不要再面對面討論溝通一次？」腦海中這些不可靠的臆測，害得許多女性徹夜難眠。

根據我感情諮詢的經驗，其實大部分的女性朋友都能肯定自己的伴侶沒有外遇的跡象，甚至心情好的時候也願意做生活上的分享，偏偏唯獨吵架的時候，就是不願意溝通，也因為這樣，女性便容易誤解對方有「更愛自己」的傾向。

關於男人不想溝通的原因，我總結了七點。

1. 不想因為沒有討論價值的事而爭執。
2. 覺得每次自己的意見都沒有被採納。
3. 認為多說多錯，那倒不如不要開口。
4. 每次溝通，問題都被女友無限上綱。

5. 每次吵架都從原則問題轉移到感受問題。
6. 對現階段的感情失望，慢慢失去溝通意願。
7. 逃避型依附人格，在人際關係溝通有障礙。

根據前面的總結，男人不溝通確實有很多種可能，但很多人都忽略一個核心問題，就是：「妳的溝通方式，我不喜歡。」

大部分的女性朋友發現兩個人感情出現嫌隙時，當下第一直覺通常是放在自己的感受上，並非為了解決問題，這是最讓大多數男性朋友困擾的地方。明明就是很簡單的事情，卻總得先安撫妳的情緒後，才能進行溝通。「為什麼要多一道步驟」變成了男性朋友們普遍的疑惑，也正因為這種情緒上的消耗，加速消退了男人的溝通動力。

其實大部分的男性在跟原生家庭的相處過程中，不一定時常有機會跟家人進行溝通，因為普遍的華人家庭都是好的時候大家可以一起分享快樂，不過一旦發生問題或溝通不良時，大多數的男性都會選擇隱忍。因為他們認為父母不會同意他們的想法，在這樣的狀態下，男性自然會不信任父母有溝通的空間，所以儘管有萌生過溝通的想法，最終卻沒有實際行動出現。而妳想想既然連跟家人的溝通都做不好了，又怎麼能奢望他跟戀愛伴侶的溝通是順利的呢？

當然不是說不奢望就不解決了，重點是找出一個雙方都能接受的溝通方式。而以我自身的戀愛經驗來說，我遇過讓我覺得溝通最舒服的伴侶特質是，她知道自己有脾氣，但她知道她的最終目標是跟我順利地走下去，所以她在溝通時自然不會呈現出一副找碴的姿態。她會選擇讓我們先沉澱各自的情緒，不會非要在當下討論出個結果，然後過幾天趁著兩人見面時，心情都穩定的狀態下，再次進行溝通。

溝通當然也是有技巧的。妳一定有遇過父母抱怨妳的時候，或許妳的父母整段講了二十分鐘，但妳可能在聽到責備的五分鐘後，就進入到「在乎自身感受受損」的自我空間，開始沒有辦法專注去聽父母後續想要表達的重點是什麼。所以時機、地點、語氣表情、詞彙上的修飾、目的，都很重要。

◆時機：

很多人認為吵架就是要當下馬上解決，但依照我的經驗，最好是選在兩個人心情都不錯的時候，彼此較能客觀、平心靜氣地去做討論。別讓對方在當下感受到我是受到妳的逼迫，才進行了這次的溝通。

◆地點：

盡量避免在易發吵架的地點進行溝通，例如你們是同居狀態，那就盡量不要選擇在同居地點進行溝通，因為人對於環境是會有一種既定感受的，在這一個空間若時常發生爭執，很容易會進入到不開心的氛圍當中。若是選擇去郊外的咖啡廳、或是一間氣氛不錯的餐館去進行溝通，反而會是良好的開始。

◆語氣表情：

人類很有趣，在面對自認為是要嚴肅處理的事情時，態度就會不自覺地緊繃起來，更別提露出笑容。覺得要把自己的態度端正了，才可以讓對方意識到自己有多看重這件事情。如果是在工作上，因為關乎到公司權益問題，保持態度端正才能獲得重視，是肯定的。但是別忘了，妳現在是在戀愛，是私人時間，並不是在工作，所以建議在談話的時候著重在想要表達的內容上，透過輕鬆的方式跟對方進行溝通，絕不是板著一張臉，在還沒開口之前，就已經讓對方感受到負面情緒所帶來的壓力。

◆修飾詞彙：

每個人對於詞彙的感受力不同，或許對妳來說這個詞彙像是開玩笑，但對方可能不這麼認為。所以請依照對對方的了解，盡量避免使用太沉重或尖銳的詞彙進行溝通，例如「你到底有沒有在用腦？」「你跟我在一起這麼久了，怎麼都不懂我」，這樣的話語會讓人聽起來好像怪罪意味濃厚，只是在檢討誰應該去承擔、負責當下的問題。良好的溝通可以修飾為「不知道你有沒有想過我們的未來？」或是「我以為我們相處了這麼久，你對我已經有基本的了解。」文字即是工具，使用恰當可以讓彼此順利完成溝通。

◆目的：

溝通之前，應先思考為什麼要去進行溝通？溝通的目的為何？難道是為了展現自己的不爽給對方看嗎？難道要像新聞片段上那些為了這碗麵少了一顆滷蛋，而鬧到要讓全世界都知道一樣嗎？應該不是吧。我們的目的最終還是要回歸到解決問題。我也同意個人受傷的情緒很重要，需要得到安撫，但比起安撫，更重要的是解決眼前的問題，培養雙方的處事默契，就不用擔心那些讓妳輾轉難眠的揣測再次發生。

5 我對男人好，男人就會對我好

不少女性朋友曾經找我哭訴過相同的問題，她們覺得自己很狼狽，也卸下心防坦承剛開始戀愛時確實會有一些忽略伴侶感受的問題，雖然從以往慘痛的教訓裡慢慢意識到這些缺點，努力地改善自己，不過感情還是走不下去。她們共同的疑惑就是：「我已經很努力達到對方提出的要求了，為什麼他還是跟我分手？」

其實無論男女，這都取決於妳身上是否有對方值得探索的價值。這些價值可能是姣好的容貌或身材，可能是善解人意的溫柔，也有可能是妳擁有對方所沒有的專業能力，而對方剛好又有這些專業能力的需求，不得已必須仰賴妳的這種狀況。但不難發現很多人在交往的前期，總是著急於把自己所有的一切分享給對方知道，包含想法、行為、肉體。不過這種分享很容易讓兩人從無話不說到無話可說。妳可以思考一下，當妳對一件事情充分了解的情況下，還會想要持續探索同樣的事物嗎？

所以，「我已經很努力達到對方提出的要求了，為什麼他還是跟我分手？」這樣的問題都指向一個方向，就是在一段感情當中，妳沒有做到對對方有所「保留」。

妳可能會問：「但我常常聽到別人說，愛應該是要毫無保留的？」那麼請妳仔細看看周遭那些在一開始談戀愛，兩人在互相不夠熟識、還在磨合的初期就毫無保留的情侶，最後都過得怎麼樣了？事實告訴妳，愛要理智，並非過度重於形式。真正能通過愛得毫無保留而感到幸福的人真的寥寥無幾，那又何必冒險將自己的感情經營成童話故事般的戀愛呢？

而對於男性朋友來說，階段性目標不同，造就喜好不同。所以妳提供的「好」，或許並不是對方真正想要的好。

那麼究竟各個階段的男人想要的「好」是什麼呢？

◆求學時期的男性：

學生時期也是情竇初開的時期，很多早熟的同學們都已經偷偷地談起戀愛了，此時有些單身的同學，也很容易因為見到同學戀愛，心中激盪起不談場轟轟烈烈的戀愛好像對不起青春的念頭。就好像妳看見同班同學穿了一件漂亮的裙子，妳被這件裙子深深吸引，心中默默激勵自己，等存到了錢肯定也幫自己買一件來好好展現自己的魅力。對這個時期的男性來說，同樣也渴望透過被注意、被需要，來證明自身的魅力與價值。

◆剛出社會的男性：

因為求學時期所累積的一些經驗，他們開始萌生一些想法來驗證愛情的樣貌，並透過跟伴侶相處，來獲得想法實踐的機會。舉個例子，從網路上的兩性交流資訊指出，找女朋友就應該要找出去約會會ＡＡ平攤的，於是在尋求伴侶的過程中，就會用「女性是否能跟自己ＡＡ」的這個標準來做伴侶的篩選。此時的男性看重的比較偏向於男女雙方在一段關係中是否能共同付出，這是此階段的男性朋友一個重要的戀愛指標。

◆ 已經出社會且有歷練的男性：

注重的是女性有沒有精神獨立的生活樣貌，這裡指的並非是能一個人居住、能一個人吃飯就稱作獨立，而是指她已經培養出一種成熟且獨特地看待世界任何事情的視野，一種不盲目從眾的魅力。建立互相付出的戀愛同時，還保有人格獨立，他們所需要的是互相保有個人空間的那種好──「我愛你，但你是自由的」。

我相信妳很好，只是用錯了方法。身為男性的我也深深相信其實男人對於女人的付出都是由衷的感激，但如果只是一味強加「一廂情願的好」到男性朋友身上，也很容易會被當成是一種強買強賣的勒索行為。

戀愛絕對不是唱獨腳戲的舞台，所以多多與自己的伴侶進行溝通討論、彼此調整，才能讓這段關係走得長遠。

回到文章開頭所講的現象，無論男女都習慣將前一段感情沒能解決的問題，帶到下一段感情。或許是為了驗證自己在新的戀情中，這些問題是不是真的得到改善，也有可能是心中對於前段戀愛的問題沒能妥善解決，感到遺憾。

不過當我們隨意帶入這樣的想法時，是不是也意味著我們把對方當成前任來經營你們之間的感情呢？其實這些行為對於新的伴侶來說都是很不尊重的，因為誰都不該是「以前的某人」，每個人都是不一樣的個體。

每個人對「好」的定義不同，除了追求自己所欣賞的好以外，也要懂得去欣賞伴侶價值觀所展現出來的好。如果妳想追求長久且穩定的親密關係，開始懂得去欣賞彼此之間那種「差異性」所產生的美，也是很重要的一環，而不再只是追尋一種「投其所好」的依附戀愛形式。

6 男人就應該要說得出，做得到

「男人的嘴，騙人的鬼。」這是時下網路上針對男人只會說卻做不到的一句帶有貶意的調侃。因為社會上對男人的既定印象就是身為男子漢大丈夫，就該一言九鼎，換句話說就是重視承諾的效力。

但我想邀請妳思考看看，在關係當中，是不是應該把對方給出的承諾，理性地當作是對方願意提供給妳的最大目標，而不是一種附帶壓力的績效指標。

承諾有分哪幾種呢？

◆無腦型承諾：

沒有先衡量自身能力，不經過思考直接做出承諾，通常這些承諾都跟不良習慣的調整、經濟價值上的給予相關。

舉例來說：「我保證以後小孩出生，我會戒菸。」「我答應妳以後會把我的收入交給妳管。」

以上兩個例子是不是耳熟能詳呢？事實上，男人為了表現關愛，所以急著俯首稱臣的案例不在少數。

◆策略型承諾：

意識到對方可能有負面情緒，為了安撫情緒，選擇大事化小，小事化無，才做出的承諾。

舉例來說：「好啦，不要生氣了，下週帶妳去吃無菜單料理。」

運用伴侶的喜好，想將伴侶的情緒壓制下來，先撫平情緒再解決事情，所以藉由這種策略型承諾來安撫女友的情緒。通常會使用策略型承諾大部分都是發生在無傷大雅的小爭執上。

◆目的型承諾：

因為有某種當下想要的需求，所以選擇用承諾來達到條件交換的目的。

舉例來說：「寶貝，妳今天讓我先跟兄弟們打電動，我明天帶妳去遊樂園。」

這類型的承諾出發點通常是因為有自身的目的，並非出自於自身意願的狀況下而說出口的承諾。

◆儀式感型承諾：

因當下氛圍需求，必須要表現出自己是天選之人而做出的承諾。

舉例來說：「如果妳跟我在一起，我一定會把我的私人時間都給妳。」

這通常都會出現在曖昧期，或是為了推進親密關係進度時，所給予的承諾。

以上都是戀愛關係中常見的承諾類型。不難發現，大多數的女性朋友很喜歡聽到有人對自己承諾，因為這對女性來說，無疑是一種安全感的展現，但又因為遲遲等不到兌現的那天而導致漸漸失望，甚至走到不得不分手的地步。能說到做到當然是好事，但如果你們是一段穩定的關係，其實雙方有一輩子的時間來達到這件事情，所以承諾不應該是侷限於某些特殊條件下來完成。

弔詭的是，根據我諮詢案例當中，有百分之七十以上的女性，反而更不敢給予伴侶承諾。女人需要承諾當作是感情的強心針，但卻可能忽略了男人也需要這樣的強心針。女性一直以來最強大的武器就是感性跟溫暖的力量，可以多多發揮這樣的特質，感性且感恩地去接受妳的伴侶願意對妳說出口，因為這代表著他知道儀式感跟氛圍感對於一個女人來說有多重要，至少也好過死都不願意開口給妳承諾，讓所有事情顯得遙遙無期要來的好。

在我過往的感情經驗中，也發生很多次承諾了卻做不到，例如我想跟對方在一起一輩子，可是我卻有著差勁的表現導致對方受不了跟我分手，可想而知這樣的承諾一輩子都做不到了。說句玩笑話，難道基於兌現承諾，我應該把跟我在一起不開心的人追回來嗎？當然不是，而是我很清楚地知道在理性層面對方已經說了分手，我應該拿出我的尊重，並祝福對方更好。而感性層面則是，對方的表現確實已經不如以往的熱情，既然談感情是希望能開心，那何必讓不開心的兩人繼續折磨彼此。

如果妳希望對方不要每次都說得出口卻做不到，妳可以嘗試跟對方溝通停止這樣隨意允諾的行為。然而改變別人太難，改變自己比較快。雖然愛確實很偉大，有可能改變一個人的行為，但如果當下對方還沒有放心地把自己全盤交給妳，妳又怎麼會天真地認為可以動搖對方培養了幾十年的人格。

再換個角度想，會鑽牛角尖地去計較承諾，是不是意味著妳在這段感情裡面本有所圖，也因為預設自己可以圖到些什麼，才促成了這種失望。所以何不轉個念，把這樣的承諾僅僅當作是對方表達愛意的方式，也不容易進一步促成失望。

此外，說到承諾，就不得不講到雙重標準這件事。我們很清楚成年人的世界不可能像數學一樣，把各種狀況代入相同公式後能得到答案。不管男女，如果一味地選擇聽取自己想要聽的承諾，而忽略了對方的好意，除了很有可能會使自己成為雙標人士之外，也容易在其他層面的問題上看不到問題的核心，而漸漸在感情中失去彈性。

舉例來說，今天妳男朋友因為家庭突發狀況的關係，必須食言把陪妳去山上踏青的承諾，臨時改成回老家一趟。這時候妳可能會因此有點不開心，甚至抱怨。這種不愉快的心情產生的當下，很多人都不能接受。

但是如果換作是妳，真的能保證未來自己就不會有這種突發狀況嗎？或許有的人會說：「我不可能會這樣做，哪怕死，我也不想要食言。」能有這樣的骨氣我很欣賞，但試想一下，如果下次是妳重視的其他人事物發生這樣的狀況，可能是妳的家人、妳的主管、妳的閨蜜，讓妳必須在迫不得已的狀況下打破自己的承諾？妳還能保持一貫的作風，堅決不食言嗎？

男性是線性思維的動物，從古至今都像是扮演著「解決問題者」的角色，所以當遇到問題的時候，通常優先採取的行動絕對不是顧慮後果，而是著重於解決眼前問題。所以我建議用比較輕鬆一點的心態去看待男人做承諾的這件事情，把承諾看成是你們生活中的一種情緒價值所帶來的情趣，也比妳一直專注在對方沒有按照承諾使妳產生失望的感受，來得更正向。

如果妳還是很難接受別人食言這件事情，我會建議盡量參與一些需要依循臨場狀況調整的活動。例如，充滿戰略考量、視狀況而隨時改變戰略的漆彈遊戲，或者嘗試辦場活動，成為活動總召，這種需要看現場狀況來控制行進節奏的活動，都會幫助妳更加開拓自己的視野，並讓妳保持清晰的判斷以便臨機應變去解決各種感情突發狀況。

7

用最簡單的方式去了解男人的行為動機

讀到這邊有沒有突然感覺男人好陌生、好難懂，跟自己想像中的樣子不太一樣？沒錯，或許一直以來妳只選擇了用自己喜歡的方式來解讀男性，讓未經證實的信念影響著自己的感情觀。

女性在感情中比較偏好用「眼見為實」的方式去評斷伴侶的好壞。這種方式沒有絕對的對錯，但也必須提醒目前正沉浸在熱戀粉紅泡泡的女性，擁有一段戀愛關係，不一定代表妳有走入男人的內心，有些男人現在沒有做的壞事，也不代表未來就不會做。既然男人這麼難懂，又不能用眼見為實的方式，那還有什麼方式可以解讀一個男人的內心呢？

我們可以試著觀察以下這四個外顯行為：

◆ 1. 男人愛炫耀的行為，大多是希望能夠被伴侶認同

雖然愛炫耀的男人並不是很討喜，但有多少人會去了解這種行為背後的原因呢？大多數會想炫耀的男性都特別在乎他所想炫耀的東西，或許是因為從小就缺乏安全感，所以會想要在長大之後，透過極力炫耀自己努力的成果來獲得他人的認同，同時也是安慰自己當初為了所缺乏的安全感所花費的時間和努力沒有白費。

◆ 2. 男人會生氣的爆點，多半是自己不願承認的事實

情侶之間一定有一些看似平凡無奇的閒聊，但聊著聊著，為何男人就突然生氣了呢？這時一定要了解，通常男人會生氣的原因大多是因為妳闡述了正確的事實，但礙於面子，他只能用發脾氣的方式來偽裝自己。或許妳會對他的生氣感到莫名其

妙，但往好處想，妳又更加認識眼前的伴侶。

◆ 3. 男人開口提出要求，大多對於此事已經忍耐許久

大部分的男人對女人是寬容的。不過一旦男人認真地開口要求了，絕對是因為知道自己再也忍耐不下去，而做出類似警告的預告動作。男人深知如果有些事情不趁前期指出並修正，後期可能會被女伴當作是「變了」來說嘴。而如果不改變也會導致之後男性有極高的機率會出現口不擇言的狀況，讓雙方口角越演越烈。男人在感情中的做法比較傾向是「預防勝於治療」。

◆ 4. 男人會輕描淡寫的，是他努力想掩飾內心的脆弱

男人總是假裝不在意，但其實心裡在意到不行，也是因為男性重視尊嚴的關係，所以盡量不想讓別人為自己操心。當然，也極有可能是這個男人在過往的感情中，曾經展現過自己的脆弱，卻反倒被前任嫌棄甚至離開他的戀愛經驗。

以及三個內心想法：

◆ 1. 先上車後補票的行為，大多是因為良心不安而建立的交往關係

有的男人如果在交往前想要跟妳發生關係，一定會用盡三寸不爛之舌嘗試說服妳，甚至還會用「萬一我下面有障礙，已經愛上了不好退貨怎麼辦？」這類危言聳聽的話讓妳左右為難。但如果讓男人優先得到了肉體，也就意味著他已經完成了男人在感情當中最期待的環節，而後續建立交往的動作，大多也只是抱著「不如嘗試看看」的心態而去發展親密關係。

◆ 2. 男人表面上喜歡聽話的女人，但內心其實喜歡有點叛逆的女性

男性較女性有征服慾，這可能是大眾所熟知的事情，男性透過大量的示好最終建立了親密關係，也造就多數的女性一旦建立關係之後，容易拿交往初期的標準去檢視一段關係是否變質。可是，女性卻也因為有了伴侶，行為表現開始變得乖巧。而我倒是認為大部分的男性反而是沒有變的那方，只是他們失去了表現的舞台。因為男性更傾向於隨著自己的心情去主動提供價值，而不是被動的被另一半要求提供價值。所以奉勸女性朋友，如果進入戀愛關係當中就馬上當一隻乖巧的小綿羊，那

麼戀愛初期感情就變得平淡，妳可能要負一部份的責任。在戀愛進行式當中稍微帶點叛逆個性的女人，才能讓男性產生一種待辦事項沒做完的錯覺，而正是這種錯覺才能激發男性對妳的征服慾望。

◆ 3. 男人如果真的愛過妳，他提分手，通常不會是一次就宣告結束

男性剛直的形象可以說是不用經過練習，是與生俱來的。而情侶在發生爭執、產生意見分歧的時候本來就容易鬧分手。男性在一段關係中面臨離別時，很容易用無所謂的態度來包裝自己。因為男性所提出的分手，並不是每次都是認真的，更多的只是想要用行為來警告妳，順便發洩自己的不滿而已。如果女性朋友不幸地被對方提出分手，請穩住自己的心態，嘗試再找對方進行有效溝通，喚醒對方的溫柔。

此外，談戀愛時，看清事實也很重要。相信每一位女性都有自己腦海中刻劃的那種戀愛樣貌，但認真去理解現實跟幻想中的差異，也是在戀愛當中不可省略的一門功課。

或許部分女性朋友在戀愛的時候都喜歡去探究答案，找尋整件事情當中的所有蛛絲馬跡，但是當有這種行為出現，也就意味著妳已經對這段感情失去信心。有時候在追尋答案的過程當中，會把絕大多數的重點放在「向外」而非「對內」，這也導致自己在不斷追尋「對方是否愛自己」的同時，忽略了妳該注重自己目前正處在焦慮、歇斯底里、情緒起伏較大的心理狀況。

而且這種想「死命抓住救命稻草」的表現，其實更像是因為付出太多的心力、時間、金錢而導致心有不甘，也因此進入一種計較得失的狀態。但是真正愛妳的人，不會羞澀於對妳表達。就算不擅長表達的人，也會用實際行動來讓妳安心。

聰明的女性向來是自己創造價值，讓答案來「找自己」，而非像個可憐蟲苦苦去向對方「要答案」。正是這種苦苦索要答案的行為，促使自己將自我價值放在這段親密關係中更低的位置，接下來妳面對的可能是來自於內心無盡的折磨。所以將這種向外跟對內的心態價值平衡好，才是掌握長久穩定親密關係的不二法門。

Chapter 2

在戀愛中總是疑惑？

——那些男人沒說出口的事。

1 有什麼事希望妳能直說，別拐彎抹角

不約而同地，「真的很不喜歡伴侶拐彎抹角」大概是來找我諮詢感情問題的男性朋友共同的的抱怨。

他們說，每次跟伴侶溝通時，明明是很簡單的問題，卻都要繞很大一個彎才能回到兩人實際在探討的癥結點，這讓他們覺得跟伴侶進行溝通的時候很疲憊、甚至很恐懼。

正如前面所提到的，男人在社會中向來被定義成解決問題的角色，而大部分男

人也就在從小到大的教育環境裡養成「看到問題就是想辦法解決」的直線思維，即便在戀愛時也是如此。於是在解決問題的過程中，男人可能會忽略很多事情，例如察言觀色，或是在跟女性溝通時，忘記用比較溫和的態度去處理，又或是難以認同看似將問題複雜化的解決過程。因為男性普遍比較理性，女性則往往比較注重感覺問題，因此造就了男女在溝通方式有著明顯的差異。

有些女性會喜歡拐彎抹角，其實是因為傳統文化在某種程度上賦予的形象期待，處事態度要比男孩子更含蓄、溫柔嫻雅，不管是從學校教育或家庭教育當中，我們都時有耳聞：「女孩子怎麼可以這樣！」又或者是要女生必須坐姿端莊、動作不能太大。久而久之，女性心中對於所謂的女性該有的樣子，就會被上一個年代長輩所期望的樣子所影響。為了符合長輩對自己的期待，更導致女孩子在表達自己感受時處處受限，畢竟要維持端莊的形象，自然在溝通時所講出來的話語，就會比較隱晦甚至過度委婉，而這種隱晦最終容易延伸成為口是心非、辭不達意。直至今日，社會也開始出現一種現象，就是男孩子如果要女孩子在溝通上表達得很清楚，是一件很不解風情的事情。潛台詞更像是：「你要顧及我的形象呀，非得要我說得這麼明白嗎？」

而上述這種現象如果進入親密關係層面，就會讓女性認為自己的伴侶根本沒有花心思去了解自己，所以才會需要自己要講得這麼清楚、明白。有趣的是，有些女性甚至還會認為伴侶如果夠愛自己，兩人根本不需要那麼多的費心溝通，夠愛就應該要明白女性內心的那些小劇場。

部分女性則會產生預設立場的狀況：「說了，他也不一定會做。」「說了，他也不一定會改。」因為這種預設立場的想法，而選擇將自己想表達的事情又吞了回去，開始用忍耐的方式來持續一段關係，一廂情願地認為就算說了也沒有任何好處，只是又引發兩人爭執而已。

而男性為什麼不願意女性這樣拐彎抹角，不外乎就是一個原因：「痲煩」。這並不是指男性沒有耐心去處理女性的小心思，而是男性很清楚明白，如果這次沒有猜中妳的心思、給予妳預期的反饋，那麼這樣的矛盾自然會演變成下一次的導火線，所以，男性真正害怕的是後續還會發生「延伸事件」。

這類延伸事件光是想起來，就讓男人不寒而慄，好像永遠是一個不解之謎，永遠沒有辦法好好挑戰成功這個關卡的感覺。去問問平常有在玩電玩的人就知道，永遠無法通關這是一件多麼可怕的事情呀！當然這是一個玩笑話，不過朝這個層面去想，或許妳能開始明白為什麼男性會擔憂，因為這意味著他需要重複耗費精力去處理這類後續的延伸事件。

在大多數時刻，男性朋友其實是很願意禮讓女性的想法，只是男性天生較不擅長安撫他人的情緒，認為解決問題才是首要的措施，導致女性有時候覺得「我的伴侶不在乎我」。其實這樣的想法不太正確。對於執著於伴侶態度的女性來說，容易直觀地認為男人只想解決問題、不想解決情緒，是一種懶惰處理兩人關係的表現。但是普遍男人卻是很直覺性地認為：「只要在這個層面上解決了問題，往後再出現類似的問題時，基本上就照本宣科處理即可」，可以說是男人偏向於快、狠、準的結果。若從男性為了避免情緒可能長時間被消耗的層面來說，的確忽略了會讓女性伴侶感受不佳的問題，但若從理性層面來說，男性也的確是有意願解決兩人之間的問題，只是過程妳不一定滿意。

曾經有位前任跟我說過：「如果你連我在想什麼都不明白，你有什麼資格愛我？」當時的我一直反覆地思考這句話的意義，同時我也納悶為什麼女生有什麼事情不能好好講開？一定要用互相猜來猜去的方式來處理兩人的感情危機？隨著年紀越大，交往過的女朋友越來越多後，我才發現的確也存在著願意好好表達自己內心想法的女性，困擾我許久的疑惑才終於有了解答，原來有些女性會用這種方式當成是評判對方愛不愛自己的一種標準。但是，就我而言，要對方一直猜測我的心思實在是太折磨人了，既然我愛著對方，我肯定不會讓對方內心飽受這種煎熬。

所以我也想藉上述的故事告訴各位，其實妳不一定要困在傳統文化給女性的框架之中。反倒是現在新時代的女性應該要有能力、也完全可以為自己的想法發聲，不需要過度在意別人對自己的看法。別人無法去承擔妳的人生，他們的看法就好像意見信箱中眾多意見的其中之一，可以當成參考，但不需要因為一個反對的意見，而失去了在愛情中為自己主張的權力。

勇於表達自己的感受才不丟臉，最怕的是沒有溝通清楚而導致明明可以輕鬆解決的問題，卻因為拐彎抹角而造成誤會，讓這段親密關係的結果成為遺憾。希望男性能尊重妳所提出的意見，那麼首先要先學會將自己的意識表達出口，唯獨清楚完整地表達，伴侶才會開始真正的認識妳，知道妳在這段關係當中想追求什麼。

2 恰到好處的愛 比毫無保留的愛更美好

說到談戀愛，應該沒有女性不喜歡刻骨銘心的愛情吧？原因不難猜到，因為大多數的女性總會希望自己正經歷的這段戀愛是真摯又獨一無二的。那究竟要怎麼樣才能造就一段真摯的感情呢？

愛情是否真摯，大部分的人都會從親密關係當中互相付出的程度來決定。這讓非常多剛踏入戀愛領域的女性認為，戀愛就是要有無條件付出的表現，不然很容易會讓人詬病自己在一段感情當中不夠專一、不夠誠懇，於是開始出現「看似自願但非自願」的付出行為。

什麼是看似自願但非自願的付出行為呢？例如，今天妳知道對方喜歡吃某家店的甜點，妳興高采烈地買下這家店的甜點想給對方吃，但對方或許因為剛吃飽，沒有選擇當下享用妳辛辛苦苦買回來的甜點，而妳為此感到不開心。這種明明是甘願為伴侶付出的行為，卻常常在事情做完之後因為得不到伴侶正向的回饋，而開始懷疑自己的付出到底值不值得，就可以理解為看似自願但非自願的付出。

拜託！男人們怎麼可能會不喜歡來自親密伴侶的付出，只是多數男人當下的表達方式沒辦法出現像是「齁唷～這個東西真的超可愛的！」雖然這種浮誇的表現在男人身上很難看得到，但是其實大部分男人都看在眼裡，也有感受在心裡。一個真正愛妳的男人，會認為女朋友要的絕對不僅僅是口語上的表達，而是更多的實際行動，所以不妨多觀察對方是否有在其他微小的事情上對妳做出愛的表達，因為很多的愛其實就藏在細節裡。

再來，就我多年來的觀察，女性朋友似乎都非常看重「付出」這個議題，付出等同於給予，但往往這些給予的表現，也連帶包含了將負面情緒「毫無保留」地傾倒給自己的伴侶，讓伴侶就像是自己的情緒垃圾桶。

可能會有很多女性朋友認為，在愛情當中對方就是要無條件地接受自己的「好」與「不好」才是戀愛啊。確實，如果只考慮到愛情、不考慮人性，這句話當然沒有說錯，不過換成是妳，真的會心甘情願地接受對方負面的輸出嗎？我想大多數的人都是習慣去接受對方好的一面，而不習慣去接受對方不好的一面。

一段沒有辦法雙向付出的戀愛終究只是靠雙方僅有的價值在支撐，就像是有很多人的關係是兩個人明明就已經不關心彼此、沒有在照顧彼此了，只是出於物質需求或是生理需求才勉強留下的關係。

我能理解女性朋友會希望透過伴侶的反饋，來確定正在進行的這段關係是否變得更緊密、更進步，因此多半會仰賴伴侶的態度去決定這段親密關係是否能持續下去。但，男性朋友卻恰恰相反，大部分男性天生就不是關係經營的好手，所以對他們來說關係有持平就已經算是很不錯的結果了。

或許妳會覺得自己從別人身上學到的愛，就是這種無條件式付出的愛，或是曾經有過為此被之前的伴侶嫌棄而分開的經驗，所以才會在新的一段感情出現時，拼命提醒自己要為對方好、要為對方著想，不然對方可能又會離開。會有這樣的想法是人之常情，畢竟人成長的過程就是不斷的累積經驗並做總結。

但是真正會開始引發感情走不下去的原因，多半就是雙方付出的行為漸漸「失衡」，無論是妳對伴侶的付出，或是伴侶對妳的付出，只要過頭了，都很容易破壞這段親密關係行進的節奏，這也是男女之間最明顯的差異。

當然，有談過戀愛的人都清楚，這種雙方付出不對等的狀況很容易就形成分手的導火線，所以針對「失衡」這件事情，最好的解決方式就是依照伴侶對妳的付出的程度來決定自己的付出程度。如果當對方跟不上妳付出的腳步，那此時對方對於妳的付出，他所感受到的根本不是美意，而是「壓力」。

戀愛不是一場競賽，而是因為一段關係的滋潤讓兩個人逐漸變得更好的過程。不過多數人總在感情中求好心切，為了維護感情當中的ＫＰＩ，所以將「讓雙方變得更好」變成像是一種使命，這也使得這樣的人在一段關係中因為太想要關係有明顯的進步，而忽略了彼此的狀態，也忽略是否有配合上雙方進步的節奏，這反倒在關係中形成一種減分作用。還有一些人更把伴侶當成是競爭對手，想藉由在感情中表現得比對方好，再用自己的標準去指責對方在經營關係當中的不足，這就不是一件健康的行為。

一段好的戀愛關係應該更趨近於輕鬆、愉快，這才是原本談戀愛的目的。讀者可以試著更多地去感受兩人在感情當中的需求，隨時依照對方的狀態去調整自己的步調，這也能讓兩人不要過於嚴肅地去經營這段親密關係，回到初識時的放鬆狀態，畢竟好的戀情應該要能夠細水長流地發展下去。

3

雖然愛妳，但同時也希望妳學會獨立

剛開始收穫一段戀情的時候，我們為了想要好好珍惜對方，而盡量在自己有限的時間內跟對方相處，但戀愛越是往下談，妳是否有慢慢發現來自伴侶嫌棄的聲音開始出現？

說到這種嫌棄的聲音，就不得不提到戀愛有所謂的熱戀期、磨合期、平淡期。當一段感情長久經營之後會因為兩人對彼此的熟識，開始在兩人生活當中做任何的決定時慢慢趨向於「理性」。這種理性的本質是來自於人類對於生存不得以而採取的一種措施。

過程導向時，多數人的戀愛都能很輕鬆愉快地分享兩人之間的點點滴滴，不過一旦進入結果導向，或許過程中的點點滴滴對其中一方來說，已經顯得不是這麼的重要，更重要的反而是事件的結果。

戀愛當中有一方的理性開始出現時，很多事情就會從原本的可以包容、遷就，慢慢地轉變為不理解、不苟同。因為妳的伴侶漸漸從代表感性的過程導向轉變為理性的結果導向，這也讓熱戀期的伴侶快速走向平淡期。這不是說理性的戀愛不好，只是基於大部分的女性朋友對戀愛的想像，幾乎不可能在第一時間將愛情跟理性牽扯上關係。

具體來說，戀愛初期妳可能不小心對伴侶做了很過份的事情，但是對方還能採取感性的態度時，自然能夠無條件地去包容妳的缺點，但隨著相處時間越長，妳要明白對方其實在你們相處的過程當中，早就約略知道妳的缺點，而前期對方願意採取忽略的態度，是因為比起錯誤，對方更看重妳。

不過這種長時間讓伴侶一直接納錯誤的舉動，也會造成對方開始懷疑自己的價值觀，這就像是明明自己被人打了，卻要笑著跟加害者說「謝謝」一樣。當對方開始意識到這是很逆人性的行為時，就會開始抱持著跟妳反向的態度，去挑戰雙方價值觀的天秤。

這也是為什麼男人會希望女性要有一定程度的獨立，但對於多數人來說，不用說要獨立了，甚至對獨立的意義都不甚明白。我認為，獨立總共可以從兩個面向來看。

◆ 1. 物質上的獨立

顧名思義，就是指妳在生活出現物質需求的時候，可以做到透過自己的資源來滿足自己。如果妳總是將物質需求建立在戀愛對象身上，妳就會因為「這些東西，我必須要依靠對方給我」的想法衍伸出內心的匱乏感，而這種匱乏感是引發情侶之間無數紛爭的開始。因此，當戀愛中的兩人有任何物質需求都可以透過自己的能力滿足自己時，自然也能大大降低地匱乏感的產生。

◆ 2. 精神上的獨立

很多人在問題發生的當下，都會向外尋求幫助，向外尋求幫助本身不是一件錯誤的事情，但錯誤的是有時候會一味地仰賴他人來解決，甚至認為責任在對方身上，這是無法做到精神上的獨立。如果今天對於某件讓妳煩心、焦慮的事情，妳能有辦法用樂觀的方式面對、處理，甚至放下自己的得失心去面對結果，那麼妳就相對是精神上較為獨立的女性。

我們也可以把以上兩種類型理解成一種是向外展現的獨立、一種是向內吸收的獨立。而男人其實是希望妳能做到第二項的精神上的獨立。因為精神獨立更像是一種內在強大的表現，當妳能在精神上獨立，就不會再把感情當中一些雞毛蒜皮的事情看得太重，反而更能把重心轉往對兩人未來的藍圖建構上。因為沒有人知道未來會發生什麼改變，能擁有可以一起對抗風險的伴侶顯得格外重要。

那麼，在感情中做到精神獨立還有什麼好處呢？

◆ 1. 當你開始培養自己精神獨立，妳會願意花更多時間去多看看這個世界，培養自己的眼界，眼界一旦寬闊，自然對於這個世界就有更深層的理解，當妳對這個世界有更深層的理解時，無論是說話或是行為所表現出來的樣子都能讓自己的魅力向上提升，也正是這種魅力，會讓男人想起當時追求妳，妳不是一定要他出現在妳生命中的那種樣子，若即若離的狩獵感使男人想起他在一段關係的初始定位。

◆ 2. 人多多少少都會對充滿未知變數的未來感到焦慮，人們時常會想把孤獨感、匱乏感寄託於他人，希望有人幫自己分擔這種不好的感受。而當妳開始嘗試精神獨立後，妳會發現很多負面的情緒跟想法會漸漸消失在妳的生活當中，一掃往日陰霾，自然也能避免將不好的想法施加於伴侶身上。

或許有些人會認為，男性想要女性獨立只是單純不想擔負責任的表現。確實這是一種不想負責任的表現，但要搞清楚你們是男女朋友，而非家人，對男人來說只要沒有走到他理想的那一步，女朋友終究就是女朋友，並不是像許多的女性朋友在還只是男女朋友階段，就輕易地把伴侶當成了老公。（關於這部份，我會在下一節說明。）

假設妳的伴侶是盆栽，妳在澆水的時候會一次把水全部倒進去嗎？我想是不會的。有植栽經驗的人都知道盆栽會因為來不及吸收過多的水分而淹死，所以要慢慢澆灌，但除了澆水以外，盆栽也會需要其他的養分，例如陽光、帶益菌的土壤等等，所以有時候我們必須要把盆栽交給陽光、有時候又必須交給專業人士來幫忙養土。

相同地，在感情當中真正好的關係經營，肯定是一種富有彈性且保有部份原則的狀態，所以千萬別一味地將自己的大小事與情緒都灌輸給對方。

4 別急著把我當老公，先試著享受戀愛

沒戀愛經驗的人，會因為不曾嘗過戀愛的滋味，嚮往跟伴侶過上如膠似漆的生活，畢竟從來沒有體驗過兩人世界，肯定擁有非常多的探索價值，自然會很希望藉由大量佔據伴侶的時間來多多了解對方。

戀情的展開，使我們暫時忘卻生活中的煩惱，可能因此暫時拋下了即將到來的下個月房租與帳單，也忘了上個月請病假被扣薪的事情，擁有伴侶後，我們選擇忽略了生活中那些瑣碎的事件，所以在戀愛初期能投入大量的精力關注自己的伴侶。

這看似沒有問題，因為好像大多數的人剛獲得戀愛時都會這樣。但隨著時間有些人選擇進入一種舒適圈的狀態，有的人則是希望這段關係能盡快開花結果。想要進入舒適圈的人會習慣當下兩人的狀態，不希望受到外界的干擾而有所變動。而希望開花結果的那類人，則會希望伴侶在感情中對待自己的層級一定要呈現持續上漲的幅度。

例如有些戀愛中的女性會希望伴侶能夠來接自己下班，因為這是種伴侶為自己付出表現上升的明顯指標。畢竟下班接送這麼麻煩的事情，對於女生來說，用來證明伴侶愛不愛自己最好不過了。

當然我相信有些女性就算伴侶不來接自己下班，也覺得沒有關係，但如果伴侶願意來，女性肯定會很感激，並將伴侶的好牢牢地記在心底。可是也有一部份的女性會認為，如果這麼簡單的事都做不到，那算什麼男朋友？一旦這種要求多了，也讓男性有點困擾，甚至會開玩笑地想說：「妳不認識我的時候，到底都怎麼回家的？」看出來了嗎？這兩者的區別就是是否把這件事情當成是「理所當然」。

以下班接送的這件事情來說，應該思考看看，當初建立關係時，妳有沒有讓男朋友知道妳是一個如果下了班，會需要對方接送的人？如果沒有，這就是沒有清楚表明自己在感情裡的「需求」，這會讓男人感受不好以外，甚至會有「怎麼這就變成了自己的責任了呢？」的想法產生，這種沒有清楚表明的需求，容易成為日後分手的導火線。

事實上，男人從來不會埋怨自己的女友對自己提了什麼要求，男人看重的事情只有三點。

♦ 1. 學習請求而不是要求

就像上面所提到的，不管男性或是女性，只要付出的行為被對方當成理所當然的時候，自然感受很差。今天你在提出要求的時候，本該就有尊重對方的態度，例如先詢問自己的伴侶有沒有自己的安排或是有事情要處理？如果有，請尊重伴侶，讓對方先去忙自己的事情。如果沒有，當然就可以好聲好氣地向對方提出請求，即便對方拒絕了，也請理解那不是對方該對妳負的責任。

◆ 2. 在別的層面去展現妳的好

男人最怕的就是自己知道自己笨，妳還讓他笨得不值得。意思就是今天男人很清楚我愛妳確實是心甘情願的付出，而這種付出很容易遭到別人的恥笑，所以為了能讓自己心裡平衡一點，也同樣會希望妳在妳熟悉或擅長的領域多多幫助他一點，不要讓男人覺得這段感情裡面都是自己在深耕，而妳等著坐享其成。

◆ 3. 別把伴侶之愛當成父愛

父親對女兒的愛應該是無條件的，你們是家人，他當然有照顧妳的責任。不過錯把談戀愛的目的當成是找個人來照顧自己的這種想法，可就大錯特錯。兩人會建立親密關係，初衷絕對不是要找個人來無條件地對自己付出，而是希望在戀愛的過程當中找到跟對方的相處方式，進而調劑兩人之間的生活。男人要的是能同甘共苦共同進退的親密關係，而不是為了談戀愛把自己塑造成照護人員的關係。

男人的戀愛觀比較傾向於將「戀愛伴侶」跟「結婚伴侶」分得清楚明白。如果女性跟一個男性選擇交往，有很大一部分的女生會希望這段關係能以結婚為前提。但是男人不同，男人更希望從相處的過程中去認識自己的伴侶，到底值不值得進入更深層的關係。

說到結婚，就不得不提到「同居關係」。同居可以看作是一種試婚，更是考驗彼此在一段親密關係中對抗各種難題的過程。許多人會把同居這件事情想得太過於單純，常常因熱戀期太想見到對方，或純粹為了享受更多的兩人世界而選擇同居，但往往熱戀期也因此消逝得比沒同居時還快，因為兩人原本的生活習慣直接攤在彼此的目光下，對妳的神秘感與遐想也漸漸消失。

雖然往好處看，同居確實能讓兩人擁有非常多的相處時間，但是在感情基礎尚未穩定、對雙方的認識不夠深入前提之下，選擇同居絕對是一步險棋。除非妳是一個重視感情結果論，會希望可以快速知道對方是否是適合的人所以做此決定，不然貿然選擇同居，肯定不會是一種通往細水長流關係的最佳選擇。

5 戀愛中的男人，並非純粹的理性動物

每當戀愛遇到兩人之間有隔閡時，不少女性似乎都會很深刻地感受到「男人是理性動物，女人是感性動物」這句話。因為大多數的女性朋友常會遇到一個問題，就是發現伴侶好像不愛表達自己的想法跟感受。甚至也溝通過好多次了，希望兩人的相處可以有點溫度，但狀況好像仍舊沒有改變。

我們時常會認為一個人如果願意表達自己的情緒、看法、感受，就覺得這個人很感性。但不願意或者不習慣表達的人，就真的不感性了嗎？

若撇除掉另一半已無心維繫感情的可能性，或許我們可以探討的是，如果感性的抒發能提升戀愛的溫度，那麼為什麼這麼多男人，特別是心智成熟的男人，選擇用理性的角度來看待各種事物呢？

◆原生家庭對男人的期望

以華人社會的教育來說，男人大多被原生家庭教育要學會承擔，要學會忍受，「男人就要一肩扛起」的觀念始終影響著大部分男性的思維與行為模式，久而久之便養成默默承受的習慣。所以，男人不是不願意表達，而是自小到大的成長經驗讓他習慣自行去消化許多情緒，甚至有些男人認為有些問題就算說了，最終還是得要靠自己解決，所以也不想再多一道「說出來」的程序來徒增伴侶的困擾。

◆男人心中有委屈

人們都說在戀愛中被滋潤的女人，能成為小女孩。其實男人也是一樣的，內心也存在著一個大男孩。其實男人有時候表現出自己的任性時，會很希望能得到女朋友的正面關注，但如果總是被認為很幼稚或是被冷落、挑剔的話，男人自然而然不會想要再表現出那一面。畢竟誰都不是真心想麻煩自己的伴侶，只是希望伴侶偶爾能展現對自己的偏愛。

◆男人明白妳過往的經歷

男人戀愛時通常會避免碰觸伴侶過往感情中的創傷，不希望女友在自己身上看到前段感情的既視感。通常一位務實的男性伴侶，會想要避免被女友誤會自己的言行舉止是在畫大餅，所以往往會將自己的感性包裹在自己的理性之中，著重於行動而非口語。

其實男性表現感性的最旺盛的時期，大部分會出現在求學階段，那時候還是男孩時期的他，也像女人一樣遇到任何一點的新鮮事，都會著急切地想跟朋友或伴侶分享。從最微不足道的放學路上看到的有趣事物，到因為一次籃球比賽敗北的挫敗感，他都希望有人可以聽他說，想從談話中尋求認同感。

只是隨著年齡增長，男人開始意識到很多困難遇到了，也只能往肚子裡吞，跟伴侶說也無法解決，所以漸漸地開始選擇自己吸收這些負面情緒。但在消化這些負面情緒的同時，也容易因為矯枉過正的關係，一併把正向的情緒給消化了。

曾經聽一個剛分手的朋友分享說：「說真的，我也不是一個愛分享的人，遇到前任這種一直逼我開口的，讓我越來越搞不懂交女朋友的意義是什麼了。」

從這段談話當中，雖然可以感覺到朋友有一種剛分手的憤慨感，但我也明白朋友想要的感情，並不是單純想找一位只會靠嘴巴分享生活的伴侶。簡單來說，就是如果可以的話，他會更希望伴侶具備「同步感」。

他會希望感情是兩人一同去經歷，一同去感受不同的體驗。或者是就算兩個人有各自的生活圈、各自的專業領域、各自的作息時，也願意理解彼此在各個層面上的差異，願意一起調整步調和節奏。絕非僅僅是分享各自的生活，或一定要其中一方做一些不像自己的配合行為，看似靠得很近，但心卻很遙遠。

過了一段日子之後，這位朋友跟我分享他交了新的女朋友，我很好奇地問：「她是什麼樣的女孩子？」他形容這個女孩子很體貼，也很為他著想，知道他在忙的時候通常都不會輕易打擾，甚至有時候還會到公司門口等待加班後的自己。

我開玩笑地問對方：「現在的這個她，還會像之前那任女友一樣，常常逼你要開口說愛她嗎？」他笑著回答我說：「對方偶爾會透露出想聽我講，不過對方認為這種開口還是要發自內心的、順其自然的才有意義，而不是她要求我，我才開口。這種舒服的相處方式，我自然也就願意多開口表達我的愛意。」

其實，男人並非是無法感性的動物，只是有種種原因可能讓男性不習慣或不再像男孩一樣願意大方地表現自己的感受，這種時候若不斷用逼迫的方式去強行要伴侶開口表達，那只能造成反效果。所以建議女性朋友可以學習怎樣用舒服的方式去表達妳的情感需求，也可以多從伴侶的行為去觀察，因為在很多時候，行為也可以表現得很感性，端視妳有沒有認真去發掘這一面。若發掘到了，也請不吝展現妳的開心，因為這將會讓愛妳的男人備受鼓勵，更願意為妳付出。

Chapter 3

深度解析男人的戀愛視角，建構良好感情地基

1 男人的「好感」、「喜歡」、「愛」

很多女性朋友不清楚為什麼每次戀愛談到最後就走味了，沒有辦法分辨男人的好感、喜歡或是愛各自代表的意義，甚至確信自己擁有著愛情，卻不知道其實離真正的愛情還很遙遠。我想藉由這篇文章告訴妳，究竟男人是如何區別好感、喜歡、愛這些抽象的感受。

・對男人來說，好感是什麼呢？

好感其實就是印象的延伸。跟朋友談論到異性時，我們常會聽到「我對這個人印象很好」、「她給我的印象很溫柔」這類表達，而所謂「印象很好、印象很溫柔」簡單來說就是對方展現了某些優勢。這些優勢大多來自一句讚美、精緻的外在、對待生活的態度，又或者是滿足了對高價值異性的想像，而產生了「記憶點」，這就稱之為印象。而這種印象是會停留在腦海中，不容易遺忘的，我們就會稱之為「好感」。

好感是沒有專一性的，無固定目標。舉例來說，女性認識了一位異性朋友很多的男性時，可能會認為：「這個男人看起來很花心，好像有很多條線（有機會發展戀愛關係的對象）。」實際上男性可能只是透過擴大社交圈的行為，提高自己遇到異性的機會，通過大量的篩選，進而鎖定一部份讓自己有記憶點的女性，而這樣的女性通常會讓男人多加關注。這邊強調一下，只是關注的階段而已。

那麼男人有好感時，會有怎樣的行為呢？有好感其實就是「友好」，是成為朋友、夥伴的必要因素。所以當一個男人對你有好感，基本就已經把你定義為朋友以上戀人未滿的關係。男人對於女性有好感，不一定會有更進一步的想法，但也許會抱持著濃厚的好奇心，不過這種好奇心多是一時衝動，並非經過深思熟慮。如果有機會產生對話或是見面，通常男性也會在過程中出現稱讚女性這類試探性的話語，來確認女性是否對自己也有好感。

當一個男人只是在好感的階段，不建議女性朋友有「過大的主動行為」，因為過大的動作都容易讓男人認為這個女人急著建立親密關係，有些男人甚至會認為這個女人是不是很「缺」，才一副急著拋售的樣子。

我也不建議女性用過多複雜的想法來看待男人有好感這件事情，因為好感是可以同時對多人產生的，好感是一種不專一的選擇，如果妳真的對這個男人感興趣，想更進一步發展，那只需用與他同樣程度的方式去回應即可。

・對男人來說，喜歡是什麼？

喜歡是好感的延伸，通常會比較有專一性，會縮小特定對象的範圍，從較有好感的異性當中，挑出心儀的對象去深入了解，男人會開始與心儀的對象進行較為頻繁的邀約及大量的談話。

而男人喜歡上一個女人總共會有三個階段的表現：

◆1. 喜歡，是一種自卑

在喜歡上女人的那一刻，男人會不自覺地抬高女性的價值，然後不小心打擊到自己的自尊心，也會一直反覆思考著自己跟女人之間的各種差距，用電視劇一句耳熟能詳的話來說就是：「她這麼好，我會不會配不上她？」

如果有看過日劇101次求婚，應該知道男主角星野達郎因曾經相親過99次失敗的經驗所打擊，深知自己與女主角矢吹薰身分上的差距，一直把自己放在一個很卑微的位置，甚至不斷地告訴自己：「沒關係，就當做了一場美夢就好。」可以看出男主角在與女主角的約會中不斷表現出小心翼翼的樣子，就是這種小心翼翼完美詮釋了一個男人喜歡上一個女人是什麼樣子。

◆ 2. 喜歡，需要一股傻勁

當一個男人真的喜歡上一個女人，他會逞強。好比被女人放進口中的章魚燒明明很燙，也會笑著說：「沒事，一點也不燙。」又或者是女伴明明住很遠，也會裝傻地說：「不會很遠啊，我有順路。」這種彷若無所畏懼的勇氣、可愛的傻勁與行為都透露著男人喜歡妳的跡象。

◆ 3. 喜歡，是想把時間都給她

會頻繁地找對方聊天，分享自身的故事。這時候正是情緒價值提供的爆發期，男人也會為了想要穩固關係，而許下各種承諾讓女性獲得安全感，也會將女伴暫時看得比其他事情重要。明明男人已經脫光了衣服準備洗澡，不過喜歡的對象一問：「在忙嗎？」男人大概都會回覆：「沒事呀，我現在有空。怎麼了？」

・對男人來說，愛是什麼？

愛當然是喜歡的延伸，具備專一性，是親密關係中最高級別的表現。要來到這樣的級別，往往需要經過時間的驗證。就像我們第一次了解愛，通常是來自於從小到大父母無條件的付出，而「從小到大」恰巧解釋了愛是需要時間來證明的。

當男人愛上你時會有什麼表現呢？

◆ 1. 如果喜歡是衝動，那愛就是深思熟慮。

男人喜歡一個人的時候，再苦再累再不順路都無所謂。但如果到愛的級別，其實反而會考慮到自己生活中種種的行為，是否會影響到對方？為了想要更長時間地守護在對方身邊，男人會漸漸明白太過於衝動的行為，可能會危害到兩人的未來。

男人一旦愛上就會仔細考慮人生接下來所走的每一步。

男人ＯＳ：「為了可以更長時間地陪伴她，我決定報名健身房。」

◆ 2. 如果喜歡是天真，那愛就是言出必行。

喜歡一個人或許沒有理由，正處於親密關係中的絕大多數情侶也搞不清楚原因。但愛一個人一定有理由，當男人看到伴侶身上有著他這輩子作夢也想要擁有的特質，也深知這樣的特質得來不易時，男人會更加珍惜，並且為了長期擁有對方的特質而更努力給對方一個未來。

男人ＯＳ：「謝謝妳，將青春給了我，如果妳也願意，我想承擔起丈夫這個責任。」

◆ 3. 如果喜歡是理解，那愛就是大度包容。

畢竟兩人成長在不一樣的環境，雖然彼此能理解有些事情是從小到大的生活習慣，但只是停留在喜歡的層面，很難真正做到包容。但在愛的這個級別中，男人除了能做到理解以外，還能做到接納。

男人ＯＳ：「雖然妳每次都沒有方向感，要讓我解釋好多遍，但只要是妳，我會保持耐心。」

◆ 4. 如果喜歡是自私，那愛就是展現同理。

如果只有喜歡，通常會因為兩個人的生活習慣不同，而常常引發爭執，導致過度重視自身感受跟情緒，但在愛的層面，你會為對方創造台階，男人會去成就兩人之間更大的目標，而不是在自己零碎的負面情緒中鑽牛角尖。

男人ＯＳ：「雖然此刻的妳讓我很討厭，但我可以妥協，因為我很清楚我們還要一起去完成更多事情。」

◆ 5. 如果喜歡是展現，那愛就是責任與克制。

當妳今天交往了一個優秀的伴侶，其實妳也會清楚地知道對方其實還有很多選擇權，甚至妳可能會害怕對方這麼懂女性的內心，他也有機會對別的異性有這樣的表現。但今天一旦男人真的是出自於愛在跟妳相處，他會知道真正的愛應該伴隨著對你們這段關係的責任，人生漫漫長路，總是會遇到誘惑的時候，這時因為愛而去對抗其他誘惑的克制能力，才更是愛情中更稀罕的能力。

男人ＯＳ：「我一直都知道誘惑存在，但因為愛妳，我選擇不關注這些誘惑。」

以上這些差異，許多男性從不輕易開口分享，因為他們可能也不知道如何清楚表達。若妳能學習區分男人表現「好感、喜歡、愛」的態度與行為，就不容易錯失交往的良機或是出現表錯情的狀況，又或者現在的妳如果正處於一段不明不白的親密關係當中，那或許這篇簡單的分析可以幫助妳釐清接下來的戀愛方向。

2 如何GET到男人給出的戀愛訊號

妳的感情總是卡在曖昧階段嗎？要嘛關係遲遲無法推進，要嘛總是在等待對方回應。以上這些都還不是最令人尷尬的，尷尬的可能是對方根本沒有想交往的意思，但妳卻表錯情。那麼進入一段關係之前，到底要怎麼知道對方對自己有沒有意思？這應該是很多人敲破碗最想知道的攻略。哪怕已經有過兩、三段以上的戀愛經驗，或許妳仍然抱有相同的疑惑。

事實上，想要建立關係，就必須要精準抓住對方的想法，如果今天妳什麼都不了解，就覺得自己可以收穫一段穩定關係，那就太馬虎了。當妳有辦法靠著對方的外顯行為來判斷他的內心想法，才能掌控節奏來推進兩人的關係。

那麼男人想談戀愛究竟會有什麼反應呢？不同年齡區段的男人，又想要與什麼樣子的女性建立親密關係呢？

・男人想戀愛的行為訊號

◆希望將自己私人的時間都留給妳

對妳動情的男性，會很願意在時間分配上做到精準的管理，哪怕對方事業有成是個大忙人，他都一定會擠出時間想跟妳約會。因為對他來說，妳是他短期之內最想擁有的目標。

◆頻繁接觸深入了解妳的生活習慣

如果只是有好感，是不會想要頻繁接觸的，通常都是有了喜歡的感覺才會想要對妳有更透徹的了解，自然而然會對妳有諸多的提問，如果妳對對方也有感覺，妳會覺得備受重視，但如果妳沒感覺，妳自然會覺得這樣的行為像是身家調查。

◆主動與親朋好友分享對妳的感覺

男人好不容易遇到了一個喜歡的女人，這樣的喜歡是藏不住的，通常一定是先跟周遭的朋友分享，如果男方跟家裡關係還不錯，也有可能會把這樣的喜悅跟自己的家庭成員分享，所以不妨在聊天的過程當中，了解一下對方有沒有將跟妳相處的點滴透露給他周遭的親朋好友知道。

◆積極幫助妳解決大大小小的困難

當男性發現有問題困擾著心儀的女性時，哪怕自己已經有了別的安排，或是超出自身專業領域的事情，也都會積極找尋解決辦法來幫助女性，藉此培養雙方更進一步的關係。

◆開始有吃醋、佔有慾的行為出現

這是部分男性在曖昧期常有的表現，不過有些男人表現得比較不明顯，可能會採取對妳生悶氣或是故意冷落妳等方式來進行無聲的抗議。其餘的男性則大多是因為顧及自己的面子，所以通常會用口頭開玩笑的方式來展現佔有慾，例如：「妳該不會是想我了吧？」這類獨白，藉此試探女人是否會出現正向的反饋。

◆不是沒主見，而是更願意尊重妳的意見

男人喜歡妳的時候通常是更小心翼翼的，生怕走錯一步就讓妳對他的印象大打折扣，所以約會時男人通常更希望由女人來做決定，因為男人不太會因為女人做什麼樣的決定，就對這個女人有扣分的想法，但部分的女性朋友可能會以此當作發展關係的評分標準。

◆不願曖昧期拉得過長，擔心競爭者出現

一個男人真的喜歡妳、想跟妳在一起，是會擔心有其他更好的競爭者出現的，

即便知道自己的條件在競爭者當中能脫穎而出。因為對於男人來說，競爭者的出現何嘗不是讓自己陷入麻煩的處境？兩虎相爭，終究必有一傷。所以在雙方了解得差不多的狀況下，男人更傾向能趕快建立關係，直接感受兩人真正相處起來的樣子。

◆雖然老套，但不忘塑造有儀式感的告白

因為重視，所以會特地向妳告白。現在很多人礙於面子問題通常選擇不告白，因為兩人都怕尷尬的場面出現而手足無措，因此認為兩人默不作聲地在一起沒有什麼不妥，反而更像是一種彼此有默契的表現。但是經過我長期的調查，通常有告白流程的情侶會比沒有經歷過告白的情侶，關係來得更長久、穩定。因為告白這個舉動會在兩人腦袋留下深刻的記憶點，形成一種約束力。哪怕日後發生爭執，只要能想起當初告白的美好時光，都有機會能成為你們感情破裂時的救命稻草。

・不同時期區段的男人，注重的會是什麼？

◆羽翼未豐的階段

這個時候男人未踏入職場，專注力更多是擺在自己身上，所以很難理解女性真正想要的是什麼，也因此更注重戀愛當中的公平性，畢竟大部分在求學階段的人都被原生家庭保護得很好，如果妳是家裡的捧在手心的公主，那他何嘗不是他們家尊貴的王子。另外，這階段的男性比較血氣方剛，容易被「性」這種原始慾望驅動著自己的行為，所以這個時期的男性普遍喜歡「性特徵」明顯的女性。

◆初入社會的階段

由於這階段大部分的男性已經跟社會接軌，剛踏進社會的他們開始接觸到現實世界的殘酷，他們不清楚自己在這個社會上最終能成就什麼樣的定位，所以面對環境的各種不確定感，男性比較容易出現反覆摸索的行為或有如原地踏步般迷惘的感受。他們在戀愛中的表現往往心口不一，即便今天跟妳說他很喜歡滷肉飯、過兩個月妳再問他，他有可能說他其實沒那麼喜歡滷肉飯，而讓妳覺得這個男人的性格浮動不穩定，行為上也容易帶給妳很多的不確定性。不過，由於他們對自己還不夠了解，所以通常會注重別人給的建議，在戀愛中，也會比較願意聽從朋友或長輩的意見。所以這如果對這階段的男性感興趣，從對方朋友和長輩的關係來下功夫，會是很好的起手式。

◆見多識廣的階段

一個閱歷豐富的男人，往往已經懂得要如何對自己的人生負責，所以很多的重心都放在事業或人生目標上。經過幾段刻骨銘心的戀愛洗禮，男人已經成熟到清楚知道自己嚮往什麼樣的關係。所以在篩選對象上，他們會更注重女人現階段的狀況是否能應付未來的生活規劃。例如，這時候會想戀愛多半是為了朝結婚生子的目的邁進，那麼自然會考量伴侶的健康狀況。如果明明出現條件不能滿足，卻還是進入交往的狀態，只能說明現階段的他根本沒打算要認進入下一個層級的親密關係。

其實男人給出的訊號一點都不複雜，更多的時候可能是妳把自己這件事情想得太過複雜。當妳能掌握上述這幾點，除了可以準確接收到男人想戀愛的訊號之外，更能維持妳在一段關係中的不可替代性。

3 從精神及行為層面看待男人要的愛情

談戀愛是需要兩個人共同去經營一段親密關係，不過有些人卻把戀愛這件事情想得過於單純，認為只要你愛我、我愛你就夠了，這種互有愛意的虛幻表象，只會漸漸地把兩個人的安全感磨光，因為越是想得太過簡單，越是容易掉以輕心。

就我的觀察來看，鮮少有人談戀愛的初衷是為了想為對方付出，而投身戀愛。大部分的人都是希望自己可以在這段關係當中獲得一些什麼才去談戀愛。所以無形之中，大家自然會想在一段關係中極力爭取自己舒服的戀愛方式，但也因為如此，造就產生了許多紛爭。

還有另外一種狀況是，妳可能認為自己對男友也還不錯，但總感覺自己的戀情整體是在走下坡的趨勢，甚至直到現在還是搞不清楚男人到底要的是什麼？總是困惑著男人明明看起來這麼單細胞的生物，為什麼認真相處起來，卻是這麼的複雜。

在回答這個問題之前，我想先聊聊「尊重」這件事，而講到尊重就不得不提到，我們身處在各式各樣的人際關係當中，有時候會被「習慣」給矇蔽雙眼。這種習慣會使我們開始用最懶惰、最不費力的方式去跟別人相處。但是這種懶惰的方式，也慢慢泯滅了感情當中的儀式感，一旦喪失了儀式感，就會變得無法給予尊重，而這種無法獲得尊重的親密關係，恰巧是男人在感情當中的致命傷。

舉例來說，妳剛認識閨蜜的時候，兩人是不是相敬如賓，給彼此一些尊重的感覺？但隨著認識的時間拉長，感情越來越深厚，開始直呼對方名字或取綽號，還有可能隨意對彼此提出任性的要求？或許有些人會把這些表現解讀為「感情好」，但我的想法是，一旦彼此失去了尊重，這種「感情好」終究是自欺欺人的表現。

當然，每個人在一段親密關係當中，肯定都有各自的喜好，那麼大部分的男人在一段戀愛當中，他們究竟希望自己的伴侶能滿足什麼樣的條件？我將從精神層面跟行為層面來解析這件事。

・精神層面

◆來自伴侶欣賞及崇拜

只要是男人，都會希望能被自己的愛人崇拜著。這來自於男人好勝的天性，就像是狩獵者爭取榮譽一樣，他在別人眼中或許不是這麼的完美，但如果能被自己所選擇的伴侶崇拜著，那便是最好的強心針。這樣的妳會讓他感到無比的自信，甚至面臨人生旅途的難關時，將因為有妳的崇拜與信任而甘願繼續負重前行。

◆來自伴侶溫柔的愛護

男人最早接觸到的溫柔的概念，絕大多數都是來自母親真切的呵護，男人其實可能也沒意識到，他們在找的伴侶多半有自己母親的影子，如果他的母親是一位特別溫柔的人，那他自然而然會希望自己所結交的伴侶也是溫柔的人。不過這裡說的溫柔並不是指輕聲細語或是動作優雅。這種溫柔是一種精神，是就算過程中可能夾雜著不耐煩，但還是會展現自己強大的感性及共情能力，同理男人的強悍外表下也有需要被理解的辛苦與傷痛，男人會希望女人是溫暖柔情的給予者。

◆來自伴侶由衷的諒解

大多數的男人雖然漸漸意識到男女平權的重要性，但畢竟處於華人社會，多少還是深受父權思維根深蒂固的影響，所以在表達自己的感受跟想法時並不如女性那樣懂得修飾自己的話語。若妳的對象恰巧是深受父輩影響，或剛好是相對年長的男性，如果能被伴侶理解很多時候的表達其實並沒有惡意，這對他們來說，會是很重要的特質展現。

・行為層面

◆來自伴侶暖心的關懷

正如前面諒解部分所提到的，大多數的男人都不懂如何用女人聽得進去的方式去表達。正因如此，他們會更希望遇到一位不但在精神層面能契合，也願意用行動表現出來的伴侶。或許收到伴侶的關懷時，他可能會表現出一副「怎麼突然關心我？」的態度，但實則會因為妳暖心的關懷行動而暗自竊喜。

◆來自伴侶自主的回饋

隨著交往的時間越長，再怎麼神經大條的男人都知道妳有沒有用心是什麼樣子。其實大部分成熟的男人根本不會去要求自己的女性伴侶在物質層面上要做到對等的付出，對男人來說，男人的付出沒有得到同等的回報一點都不可怕，但男人比較在意的是「行動回饋」，如果都沒有任何表示來回饋男人的付出，男人多半會覺得有點受傷，只是他們不一定會說出口罷了。所以只要妳能依照自己能力所及的心意去回饋伴侶，我相信都能讓他感受到妳對這段關係的重視程度。

◆來自伴侶堅定的選擇

有時男人比女人還更沒有安全感，畢竟大部分的女性即便名花有主了，都還是很容易遇到異性的追求。雖然不是說女性不能有異性朋友，但是當妳周遭的異性開始有明顯的追求行為時，男人會希望妳堅定地拒絕，不隨意接受來自其他異性的好意。

男人真正想要的戀愛，絕對不僅僅是物質上的交流，更多的是能夠在精神及行為上給予高度尊重的伴侶，所以當女性做不到以上這些特質時，男人就會開始權衡妳跟他的這段關係的必要性。

或許正在閱讀的妳，也常常在感情中想要進入自我舒適的狀態，因而常常向自己的伴侶抱怨，甚至不斷提出調整方案。但任何事情其實都是妳想要得到什麼，就必須要去付出什麼。所以當妳重視自己想要的戀愛方式，同時也容易忽略掉對方想要的戀愛方式。所以，在一段感情當中，我們首先應該要求的是自己無愧於心，無愧於對方及這段關係，當顧好這幾個層面，就已經贏過大部分的情侶。

所以，如果現在的妳還在抱怨自己的伴侶怎麼這麼難理解的話，不妨抽點時間檢視一下自己目前在感情中，是否有具備以上這六項特質？因為當真正擁有這六項特質之後，妳才更能去維繫一段穩定且長久的親密關係。

4 戀愛中，男人不希望女人觸碰的三點

在感情中，有些女性會為了想要獲得伴侶的重視，而做出胡鬧的事情或是說出難聽的話語，被伴侶認為是不講道理。或許這可能是女人誠實展示自己的一種方式，從正向的角度來看，總好過悶在心裡讓伴侶摸不著頭緒。但相對地，這樣的行為在多數男人眼中也絕對不是最恰當的作法。因為很多時候，尤其是出社會後大家都知道，最累人其實是情緒上的消耗，以至於如果市調男人最不喜歡的伴侶特質，以下幾項一定榜上有名。

◆任性

情侶相處多少會有摩擦，或許伴侶所犯下的錯誤令妳難以接受，但其實很多錯誤可能是出自無心或是疏忽，如果一直抓著男人曾經疏忽所犯的錯，將問題不斷地放大檢討，那麼很容易讓事件失焦，反而糾結在無法控制的情緒上頭，此時就算妳是真心想要解決問題，也會變得相對困難，因為解決問題往往還是需要依靠理性的作法。如果兩人的感情真的那麼重要，那麼避免讓類似的事情不要再發生，應該比如何展現自己的不悅來得重要。

✔ 感情中總會遇到伴侶不順妳意的時候，但部分手段比較激進的女性會想利用提出分手來當作要脅藉機懲罰伴侶，初衷是認為這樣的方式可以讓男人意識到自己的錯誤，向妳低頭道歉認錯，但其實男人實在很受不了消耗過多的情緒去安撫的這種無理取鬧的行為，也會讓男人開始對這段感情不再抱有信心。

✔ 如果今天發生了什麼爭執，需要溝通交流的是兩人之間的想法，而不是單純埋怨伴侶。有些女性朋友甚至會連帶檢討對方家庭，雖然我們都知道原生家庭真的很容易對感情造成不小的影響，但一味地將對方家人牽扯進來討論，看上去更像是提油救火的行為。

✔ 根據諮詢的觀察，男人多半不喜歡伴侶過度干涉自己的私領域空間。很多女性會需要男性用犧牲自己的「Me Time」，來證明自己的愛，所以常常用減少打電玩、減少跟朋友聚會或不准跟異性交流來限制男性的行動，導致兩人的感情因為處處受限而增加爭執的機會。

✔ 女人不開心的時候，或許只是需要伴侶哄一下，用行動來證明對方是愛妳的。我覺得要男人哄這件事情其實無傷大雅，但是哄的頻率、哄的時間長短就很重要了。許多的女性或許沒發現自己在事件的當下是採取高姿態的，這其實多半會讓男人感到卻步。如果真的不喜歡、不適合，好好分手各自生活就好，但如果妳其實沒有想要走到分手的局面，請記得得饒人處且饒人。

不過有的女性朋友可能會不願意接受這種說法，覺得「這就是我的個性啊！」「身為男友難道不應該接受我的撒嬌任性嗎？」許多女生會像這樣歸因於自己的個性本就如此，而「身為男友」的他也本該接受，但如果今天兩極反轉，變成由妳來承擔對方「找藉口且不願意調整的態度」時，妳是不是也會有點沮喪呢？所以請一定要明白「有個性」還是「耍任性」，完全取決於妳的行為是否會為難到妳的伴侶。當妳的伴侶不願意時，也應該要尊重對方的意願。

◆比較

有些女性朋友在生活中看到別對情侶談戀愛買了什麼、吃了什麼，就要求自己的男友也要跟上陌生人的腳步。雖然大部分的男人在能力所及的範圍之內，本來就多多少少會為了展現自己的愛意而選擇滿足女友的需求，但如果這樣的行為過於頻繁，也會導致伴侶產生「難道我只是妳的比較工具」的想法。

✔ 既然過往戀愛經歷過去了，那就讓它停留在過去。人人都害怕在進行式的關係之中出現對方前任的影子，而不斷拿前任或是剛在一起的事情翻舊帳的行為都是很令人反感的。對一般人來說，光是提到「前任」這樣的話題就已經略為敏感了，何況拿現任男友跟前任做比較。或許妳是恨鐵不成鋼，所以想刺激自己的伴侶變得積極上進，但往往這樣的方式很容易弄巧成拙，造成親密關係出現更大的裂縫。

✔ 拿自己能做到的事情去跟伴侶做比較，例如「為什麼我就可以做到照三餐關心你，可是你卻做不到？」其實每個人的成長環境、過往經歷肯定是不同的，自然會有不同的個性與行為。而通常會這樣比較的女性朋友，往往不會從自己身上找原因，因為這樣的女性已經將照三餐關心的行為跟愛畫上等號。如果妳真的很需要伴侶做到這件事情，不妨好好溝通，而不是擺出興師問罪的態度來對待伴侶。

✔ 我曾經聽過女性朋友們互相較勁自己的男朋友可以為自己做到什麼樣的程度。或許當事人覺得自己很幸福能擁有這樣的男朋友，但是她們所比較的其實是別人身上的特質，自己並不具備，不應該拿來炫耀或攀比，而應該是與朋友討論分享，並督促彼此也要學習這樣的付出。

✔ 因為缺乏安全感，所以想找伴侶來治療自己沒安全感的症狀，但談戀愛不是看醫生，自己的不安不該由對方負全責，也不該把自己想追求的目標強加在伴侶身上。其實很多女性朋友明明已經身處愛中，但卻更傾向相信自己內心預設的負面想法。

◆ **多疑**

為什麼談戀愛變成是一場大家來找碴的遊戲？一旦懷疑的想法產生，就一副勢必要找出對方不忠的蛛絲馬跡，哪怕玉石俱焚都要贏得這場戰爭。就我自己的戀愛經驗而言，會這樣做的女性朋友普遍對自己的自信不夠充足，或是正在經歷一成不變的生活。

✔ 安裝定位軟體、檢查對方手機、查看對方電腦等行為，看似是以愛的名義預防伴侶發生什麼不測。但事實上，也培養出監控對方的習慣，而且這樣的行為也正好反映出自己缺愛、沒安全感的問題。真正的愛本就需要信任來支撐，而原本一段穩定的關係，更有可能從妳不信任的那一刻開始，就不復存在。

✔ 有時坦白了自己真實的想法，但偏偏女人就是不願意相信，解釋久了，男人當然會疲乏，在日後遇到真正需要好好面對的問題時，男人怎麼會有心力跟妳進行溝通？更別說解決。所以導致很多男性朋友在戀愛後期只剩下報備的功能，無法拿出真實情感來跟女人交流。

✔ 「他是真的想道歉嗎？還是只是因為有其他目的才道歉？」這是戀愛中，

女人心中時常浮出對男人的問號。男人先道歉就是心虛、做錯事情，不然男人麼會先道歉呢？會習慣這樣想的女性往往有被背叛的經驗，導致即使開始了新的戀愛，還是會下意識地想起以往不好的經驗。不過就算過往有這樣的經驗，也不代表可以直接套用在現任伴侶身上。剛好出現類似的行為，也不代表伴侶真的犯了錯誤，還是應該就事論事地觀察與了解。因為男人之所以選擇主動道歉，多數是因為珍惜得來不易的感情。

✔ 心理學當中有一種「焦慮型依附人格」，這樣的人會希望伴侶在每件事情上都有正向的回應，他們會從這樣的行為獲得安全感確保伴侶還愛著自己。不過一旦伴侶做出超出他們思維範疇之外的行為就會瞬間引發焦慮。如果妳剛好有這樣的情況，那麼請試著把專注力擺到自己身上，為生活注入新的興趣，最好還能從這些興趣中獲得成就感，就能大幅改善這樣的狀況。

上面的情形有沒有符合妳在戀愛中曾經遇過的狀況呢？若妳有些經驗或想法吻合上述這些情形，除了伴侶真的犯錯嚴重又溝通無效之外，也許妳可以想想自己是否有些缺乏自信。女性在戀愛當中對於很不確定的事情，普遍都很容易焦慮，這種焦慮也會跟著引發自我懷疑，而一旦開始自我懷疑，下一步就是開始表現得不自信，哪怕是再漂亮或條件再好的女人都很容易因此感到不安甚至潰敗，尤其是發現情況跟自己預設不同時，不利於感情的行為就會開始在這段關係中出現。

所以希望妳能花點時間檢視妳的感情，在沒有外力介入的情況下，大部分戀愛談不好都不外乎有以上這三大核心問題。及早意識到這些問題存在而去調整，要收穫一段穩定的感情，絕對會像是妳輕易辨別口紅色號那樣的輕鬆。

5 為何遇到問題時，男人總是理性又愛講大道理

「男人理性、女人感性」這是大家普遍對於兩性的印象，也是常常拿出來討論的話題。那究竟是什麼原因導致男人做事情偏向於理性？

其實這是物競天擇演變下來的結果，女性在受孕期會逐漸變得脆弱，且孕育下一代的女性為了提供新生嬰兒需要的照顧，必須仰賴母性所衍生出來的同理心或換位思考的能力，而這些能力正需要感性才有辦法具備。男人則專注於依靠「理性」所做出最正確的、最符合邏輯的選擇來避免自身或家庭成員陷入危險，因為在那個

時代生存相對不容易，非常有可能因為一個錯誤的決定，就導致整個家族滅亡。為了照顧家庭成員安危、提供家庭足夠的生存條件，男人這種講求邏輯、解決問題的特質早在遠古社會就延續至今。

不過，時至今日，我們一定都時有耳聞女性朋友的抱怨：「我是來談戀愛的，不是來聽他講道理的。」許多女性都覺得另外一半並沒有、也不願安撫好自己，好像只在乎事情的對錯。

男人當然很清楚女人要的是安撫，也知道只要一個簡單的安撫，很多問題對女人來說都不再是問題。不過男人的直線思維又會很直覺性地告訴自己，如果今天在這件事情上模糊了爭執的焦點，又是用大事化小、小事化無的態度來處理，那未來的日子一定還會有很多類似的爭執發生，甚至會覺得「我以後光解決這樣類似的爭執就飽了，其他事情都不用做了。」光從這樣的想法，就可以了解大部分的男人面對爭執時，是對事而不是對人。

此時一定有女性朋友會說：「如果談戀愛要聽這些大道理，那還不如單身。」這真的是天大的誤會，到底有哪本教科書說過戀愛就可以不講道理？男人如果真的沒有把妳當一回事，大可以用冷暴力、用離開來結束這段惱人的關係，但他寧願選擇這種吃力不討好的方式，一次又一次地跟妳反覆分析、理性溝通，正是因為他重視跟妳的這段親密關係，才會用男人最擅長的「理性」來跟你解決問題。

對於心智成熟的男性而言，愛情不會是他們生命中的全部。因為他們必須要花大量的時間在「向外擴張」，去盡可能地收集能被家庭（或者重視的人）所利用的資源，而不是一直安內而不攘外。所以，有幾件事情對他們來說是是和愛情一樣重要的。

◆賺取財富

財富，絕對是最直觀能衡量一個男人在社會中擁有多少資源的能力，所以認真工作賺取相對應的財富報酬，是成熟男性所專注的重要環節。

◆維繫社交

社交從以前到現在都是一種社會資源交換的形式，所以在生活當中出現自己解決不了的問題時，則會透過自己所建立廣大的人脈來獲得幫助。

◆保護伴侶

成熟的男性會知道生活不只屬於自己，而是分享給親密關係這個更大的團體生活。絕對不可能像以前一樣只在乎自己喜不喜歡、想不想要。反而重點會放在整個團體是否能不能夠幸福、需不需要這樣的資源。

我也想跟廣大女性說，判別一個男人是否成熟，該看的是心智年齡，而不是實際年齡。許多女生都會刻意挑選年齡比自己大上幾歲的男人交往，很直觀覺得這樣的男人肯定會比較成熟，但就我的觀察，年齡的成熟跟心智的成熟在現在的社會中不一定呈正比。多的是年齡成熟但卻歷練不足，又做著危害整個戀愛環境的男性。

而心智年齡的展現大多來自於一個人的社會歷練。我認為一個成熟的人應該具備兩種以上看待事情的視角，才能更客觀地去看待問題，藉由各種視角去找出問題的共同核心，不會有偏頗的情況產生，這也絕對會對感情與親密關係的維繫是有幫助的。

那麼，回到這篇文章開頭說的，為什麼男人總是理性又喜歡講大道理？如果一個男人只想玩玩，不想認真，那他當然只需要把心力用在提供給女性朋友情緒價值這個層面。這就是為什麼這麼多需要別人注意自己情緒的女性朋友很容易遇到渣男的原因，因為提供情緒價值就是渣男的基本技能之一。反之，男人如果心智年齡夠成熟、有想要認真跟妳交往、重視你們之間的感情，基本上都會選擇會用講道理的方式去解決兩人之間的矛盾。

所以女性朋友們，請試著理解男性會把重點擺在先解決事情，不要每次在溝通的過程中，對於男性「只會講道理而不在乎情緒安撫」這件事情上面挑剌，這樣比較不會煩惱問題總是沒有解決以外，也能在問題解決之後，讓彼此有多餘的心力再次互相理解，讓男人去做到一個情緒上的全面安撫。相信我，這絕對能大大改善你們兩個人時常溝通無效的問題。

6 誰說男人的愛是無條件的

大家都想戀愛談得長長久久，沒有一個人是為了體驗分手才選擇進入親密關係之中。但無奈的是，大家雖然有這樣的共識，卻還是常在感情裡感到心力交瘁。那些我們常常說的「愛情是偉大的、崇高的，不夾帶一絲一毫的雜念，甚至是無條件的」，似乎根本遙不可及，會不會其實我們都給了愛情太多美化的濾鏡呢？所以在這篇文章中，我想和大家討論戀愛中真的有所謂無條件的給予、無條件的付出、無條件的犧牲嗎？

隨著年代的改變，現代的愛情更多著重在價值的權衡利弊。打個簡單的比方，今天學校的教授要同學們自己分組找同學做期末報告。這時候妳會選擇怎樣的同學來當妳的組員呢？是出於憐憫選擇平常都不來上課的同學？還是會選擇平常都有來聽課或學習效率高的同學？想必再傻的人都知道，這件事情關乎到自己能不能順利完成學分，而都會盡量選擇後者。從這樣的舉例當中，妳就可以觀察到好像只要關乎到現實層面的問題，很多事情就變得不能馬虎。然而即便如此，還是有人會說著愛情是無條件付出的名號，但真相是對方早已看出來妳整個人的利用價值，所以才能自命清高地說：「自己對妳的愛是無條件的。」

女人的愛其實也是有條件的。譬如說希望找個高的、帥的、找個多金的、找個溫柔體貼的，女人的條件傾向於樹立在建立關係前。但有趣的是，女人通常一遇到能提供自己情緒價值的男性時，就把自己所開出來條件給忘了。

而男人則是傾向於在前期拚了命地想要建立關係，也不知道自己到底跟對方適合不適合，就是為了想要擁有而行動，甚至在根本不夠了解對方的狀況下選擇衝動追求。正因為這樣，在後期的相處中，若慢慢地發現女方好像不符合自己當初的想像，就會逐漸因為生活中兩人相處上的不滿、不順眼開始架構起自己的條件。

男人會對妳好，一定是伴隨著妳身上的價值呈現正比增長。如果當妳不再努力創造自我價值，那麼男人對妳的條件往往隨之變得嚴苛，這就好比妳可以用十塊錢在便宜的賣場買到雞腿，但另一間賣場的雞腿偏偏需要一百元，如果只是要簡單度日，大可以選擇十元的賣場。但明明知道有十塊的雞腿，卻還是毅然決然地選擇了一百塊的雞腿，那肯定是這一百塊的雞腿吃起來的口感比十元的勝出太多，甚至多了很多十元雞腿所不能提供的價值，所以妳才會願意購買。

對男人來說也是一樣的道理，要不是妳身上有他要的東西，他怎麼會心甘情願付出呢？就算他看上的是妳的容貌、身材這些外在條件（這些也屬於一種來自於妳的價值），但在這人人都可以是美女的年代，外表長得好看已不再是稀有的價值，加上男人其實都很清楚真正重要的價值是在動人的外在條件下，妳是否還擁有一顆純真善良的心。

更進一步地說，男人之所以會愛得有條件，是因為如果是要認真進入一段關係，那就絕對少不了「認真審視」這個環節，對男人來說，付出沒有什麼，重要的是他希望他的付出是值得的，僅此而已。一段感情中，女人在賭，男人也同樣在賭。

當然不是每個男人談戀愛都是為了結婚，但絕大多數的男人談戀愛是為了尋找到合適的伴侶來度過一生。而男人在戀愛中條件變得嚴苛，並不是想打擊妳的自信，而是男人會嘗試從針對那些不舒服的人事物的忍耐力這個途徑去確認妳能不能升格到陪伴他的人生，甚至能與他一同開創資源的老婆的階段，而不再僅只是女友的階段。也就是大家時有耳聞的「這個女生適合當老婆」的這種說法。

不過，雖然男人的愛有條件，但我希望妳也要了解什麼是合理的條件，並且知道如何驗證自己在男人心目中是真的有價值、有條件可以組建戀愛關係，以下提供四種參考方式：

◆ 1. 這個男人是否只會對妳進行低成本的付出

聊天人人都會，很多諮詢案例常常跟我說：「我的伴侶是當時眾多挑選對象之中最能聊得來的那一位，所以我當時選擇了他。」從這邊就不難看出其實可以跟女人聊得起來，男人就在一定程度上掌握進入關係的密碼。但要告訴妳一個事實，聊天這種能力是可以被訓練的，所以通常只靠言語交流來經營戀愛的方式，我稱之為「低成本的付出」。而這種低成本付出的行為是大多數有點情感經歷的男人都能做得來的事情。

◆ 2. 這個男人對妳在金錢的運用上吝不吝嗇

看到這邊可能會讓很多男性朋友不開心了，覺得談戀愛跟錢沾上邊太庸俗，怎麼好像在鼓勵女性花男人的錢呢？其實不是的，金錢就是一個可見價值，當今天男性朋友願意跟一個女性去分享這個「可見價值」，那說明妳與這個男人在妳身上所花的每一分錢一樣重要，或更重要。當然也不是說男人薪水四萬元，妳要他花三萬元來證明對你的愛，這太不切實際。而是這個男人在不影響兩人未來生活的前提下，願意把這份可見價值和妳分享，適當地運用金錢在能增加兩人的感情基礎事物之上。

◆ 3. 這個男人注重的是自我需求還是彼此需求

要看一個男人對妳是喜歡還是愛，最明顯的區分標準其實就是當你們共同去參與一件事情是能讓他自己快樂，還是你們兩個都能快樂？又或者起碼要做到「今天做男人喜歡的事情，下次做女人所喜歡的事情」這種近乎公平的標準來判定。如果情況是絕大多數的時間都僅僅只在滿足男人的快樂，那妳應該要好好審視一下你們現在的關係。當然，如果妳的快樂是建築在伴侶快樂妳就快樂的話，那就另當別論。

◆ 4. 這個男人願不願意分配好時間來跟妳相處

我們都知道有抱負的男人可能滿腦子都是事業，所以將絕大多數的時間、精力給了工作，但在這麼忙碌的情況下，如果男人還願意用自己閒暇的時間來跟妳做情感交流，那這個男人是非常看重妳的。如果連每天最基本的五分鐘交流時間都沒有，我想這樣的男性也不需要戀愛了。因為沒有一段親密關係是不需要好好經營就能成長茁壯的。

畢竟現在是一個容易互相挑剔、互相篩選的戀愛年代，差別只在於有沒有把這類的行為展現得夠明顯罷了。所以雖然愛得合理、愛得有條件聽起來很落入俗套，但如何用更有策略的方式去經營跟改善自己的戀愛環境，才是更值得我們在感情中認真審視的地方。

7 打好感情地基，預防關係坍方

這本書看到這裡，有沒有突然覺得談戀愛很麻煩呢？要顧及對方的心情、行為上也遠比一開始單純想進入關係的想法要難上許多。但話說回來，不正是因為談戀愛看起來是個門檻很高、複雜、具備獨特性，才會這麼令人著迷嗎？

感情不順利，或許不是妳一個人的問題，不過若是能先從自己開始去示範給伴侶知道如何正確去愛，我想絕對比很多口舌上的爭執來得更加實際。我相信只要妳時時刻刻提醒自己以下幾點，至少可以幫助妳穩定延續目前的戀愛關係。

◆ 1. 是否有進行反覆的有效溝通？

反覆溝通是為了確認彼此目前的各種價值觀、所追尋的未來目標是否一致。因為有太多人因為生活之中的其他變故，導致很多面向的最終目的變得不再相同，當兩人目的不相同時當然會漸行漸遠。而溝通應該是要雙向的，如果只是單向地向對方輸出自己的理念，那稱不上是有效溝通。

◆ 2. 除了溝通是否有積極行為引導？

許多人反覆溝通無果，就索性直接將感情放爛，只剩下等待誰先開口提分手。但事實上很多人都把溝通的方式建立在口頭、文字，卻忽略了自身的行為也有辦法有效地影響自己的伴侶。畢竟如果很多事情連自己都做不到的狀況下，又如何給伴侶帶來好的影響？

◆ 3. 是否有共同努力營造生活情趣？

人們多多少少會隨著環境跟事件的影響而產生改變，所以想要收穫一段穩定的關係，首先應該要放棄在感情當中一成不變的想法及作法，把感情當作舒適圈來經營，絕對是個致命傷。更該做到的，應該是錦上添花，不斷地創造生活情趣。

◆ 4. 是否時常對自己不好的情緒提出疑問？

我們難免都會因為情緒而影響了自己的判斷，為了確保自己不會衝動而做出一些日後會感到遺憾的決定，最好在行動之前反覆對自己提問，為什麼要？為什麼做？為了自己還是為了雙方？

◆ 5. 是否每次只停留在想像，卻沒拿出實踐力？

對於戀愛，大家的腦海中都有最理想的樣貌，可是如果只知道什麼是美好生活，但卻不願意為了美好生活去付出相對應的努力，只是在維繫基本面的話，那就關係經營來說，終究也是停滯不前，不進則退。

◆6. 關注外在精緻的同時，是否也知道要內在精緻？

漂亮的女人，人人愛。但除了將自己打扮得當以外，內在涵養跟行為素質也應該要匹配得上精緻的外表。請時刻提醒自己「我怎麼愛自己，別人就會怎麼樣來愛我」。

另外，我會建議在感情中不要一直去尋找「答案」。妳可能會很訝異為什麼不要找答案？我想請妳試著想想：人會去找答案的動機是什麼呢？大部分的人都認為尋找到答案後，就等於獲得解決問題的方法了，畢竟人們最不喜歡自己明明有把握的事情卻出現與想像不同的轉折。但事實上回想一下人生遇到問題時，妳當下所得到答案難道就是最好的辦法嗎？就一定就是最妥善的處理方式嗎？其實不管選擇什麼樣的作法都一定會留下遺憾，得到解答也不一定意味著妳能徹底實踐。

大部分的人只是被「從眾效應」影響，因為看到其他人都這樣解決的問題，所以盲目跟隨，認為別人用過的解決方式應該也適用於自己，或許很多事情都有其主流的做法，但其實未必適用於每個人的狀況。

所以在戀愛中如果能有一個明確的規範時，至少能讓自己在猶豫不決、矛盾躊躇的時候有個指引。舉個例子，假設一段感情會走向分手，是因為等到事情已經發生、覺得事有蹊蹺了才開始去找答案，那在下段感情中更理想的作法是不該再等到事情發生，而是應該每當有疑惑，就跟對方反應自己的感受，並且清楚表明自己的底線。但是如果對方的回答每次都是支支吾吾、顧左右而言他時，那就不應該再退讓自己的底線，也是時候面對兩人是否真的合適這個議題。

相信各位女性朋友閱讀到這邊已經吸收許多不同看待男人的新觀點。有時候只是一個不一樣的想法、不一樣的行為，有可能都會給妳帶來截然不同的戀愛體驗。

Chapter 4

妳談的是戀愛還是情緒？

1 情緒價值在關係中的重要性

前面的文章數次提到「情緒價值」，這個詞並不算常見，但對每個人來說都很重要，尤其是在親密關係中。什麼是情緒價值，首先我們先將這個詞拆解來看。

「情緒」，在大部分的人認知中，就是透過內在或外在的刺激從而引發的一種心理狀態，例如喜、怒、哀、樂，這些是眾所周知的基本情緒反應，愛、恨、驚、懼、憂等等其實也屬於情緒的表現方式。

「價值」，通俗來說就是從客觀的角度將作用、階層、特質、美感等等的代名詞來量化後的結果。我們普遍都會拿「價值」來定義並衡量各種人、事、物是否在資格標準之上。

另外，說到情緒就不得不提到情商，情商全名叫做「情緒商數」，也正是大家常常稱呼的「ＥＱ」。簡單地說，ＥＱ是一種認知與管理自己情緒的能力。當一個人在合適的場合以適當的方式表達自己情緒，例如發表合適的言論、或是做出相對恰當的動作，我們會說這個人情商很高。反之，如果做出不恰當的回應或者舉止來展現自己的情緒，就是低情商的表現。

而「情緒價值」就是將感性的元素，悄悄地透過用對方無法預期的行為或言語，引發對方內心情緒起伏的過程。舉例來說，Ａ今天過得很不好，Ｂ來安慰Ａ，Ｂ所提供的安慰舉動，就是給予Ａ正面的情緒價值。反之，如果Ａ為了自己開心而惹怒Ｂ，導致Ａ被Ｂ罵，那這就是Ａ給予Ｂ負面的情緒價值。

我們將情緒價值放在感情當中來看，就是女性朋友口中常常說的「我對這個人很有感覺」的這個「感覺」。當然感覺這種事情也不是只有女性朋友才有，男性朋友也會有這種「感覺」，如同在之前文章提及的男人要的是被女人崇拜、愛護跟諒解，這些就是女性能夠展現的情緒價值。

這時可能有些女性朋友會認為，這聽起來意思是能夠逗對方開心，提供對方當下想要的情緒，應該就可以稱得上給予情緒價值了吧？其實，這句話只說對了一半。因為，願意提供不代表對方一定就要接受，當對方是視而不見、充耳不聞的狀態時，妳做得再多也沒辦法達到「情緒價值」的層級。

網路上有一句話：「可以讓女人哭的男人，一定可以讓女人笑。但能夠讓女人笑的男人，不一定能讓女人哭。」暫且不論性別，但我們從這句話就可以看出來親密關係中除了兩方所設定的條件符合與否，會影響感情的進度與狀態之外，情緒的牽動（歡笑、淚水夾雜），可能更是舉足輕重。這就是為什麼情緒價值很重要的原因。我看過太多女人拿著一手好牌卻落得滿盤皆輸的下場。以下的故事是發生在我的女性朋友身上，以下暫且用「小美」來稱呼。

小美是一個人見人愛的女孩，從小到大眾星拱月，對她來說只要一個微笑就足以讓周遭的男人拜倒在她的石榴裙下。也因為周遭總是圍繞著男人，她很理所當然地認為所有男人對她的態度，都應該會像那些拜倒在石榴裙下的男人一樣為她付出。

小美換新工作到職的那天，她一眼就看上了一個很專注於工作的帥氣同事，萌生了想談戀愛的念頭。有一天，小美終於鼓起勇氣約他出來吃飯，這位男同事很大方地如期赴約。

當用餐結束時，男同事發現自己今天出門太匆忙忘記帶錢包，他尷尬地告訴小美，希望小美可以先幫忙付這筆餐費，待會盡快將這筆費用轉帳給小美。但是小美頓時陷入一種覺得不可思議的情緒，哪怕對方是真的不小心沒有帶到錢包，她還是不能接受男人跟她約會不付錢的行為，她瞬間感覺這男人很不可靠。當然最後為了避免尷尬，小美很不甘願地去結了帳，男人也一直不斷地道歉，但小美根本聽不進去，她只想趕快回家結束這次的約會。

故事說到這邊，讀者們想必已經知道那是第一次也是最後一次約會。回想一下，姑且不說男人當時沒帶錢就已經有夠糗了，他更怕的是給小美留下不好的印象。其實此刻的男人很需要有人可以幫忙緩解這種尷尬的情緒。但女主角小美不但沒有安撫，甚至還對這個男人感到反感。

其實小美只要願意拿出足夠的信任，展現自己的情商說：「不要緊，我先付就好。」我相信每個男人都一定會感激涕零，甚至兩個人有很大的機會因為小美的幫忙，進而讓雙方產生好感，在後續譜出美好的戀情。小美明明對對方有意思，但在事件當下，卻無法提供男人體諒跟包容這樣的情緒價值。

從這個故事當中，妳會了解到情緒價值還有另外一個特點，就是要能「辨別」對方在遇到某些事件的當下可能會出現的情緒。所以，在過度關注自身的狀況下，是沒有辦法做到在正確時機做到情緒價值的提供。除此之外，要獲取提供情緒價值的能力有兩件事需要注意：

◆ 1. 增加自己的閱歷

許多女性會因為保護自己而不願意接觸新鮮事物，把自己侷限在一個相對封閉的生活當中。這會使妳喪失了很多可以補充腦內行為模式大數據的機會，當妳遇到和以往戀愛經驗截然不同的狀況時，就很難從資料庫中撈出讓雙方都感到舒適的應對方式，所以我們常聽到許多處於戀愛困境的人會說：「我真的不知道為什麼他要這樣對我？」正是自我的經歷還不足以去共感對方的處境，也不足以應付自己不熟悉的狀況最好的寫照。所以身經百戰的人可以處變不驚、而畫地自限的人容易遭受不了突如其來的衝擊。

◆ 2. 聽懂弦外之音

其實客觀來說，聽懂弦外之音跟閱歷也有一定程度的關係，因為在日常生活中我們常常會遇到一些不得已的狀況，導致當下我們可能會需要用一些暗示、自嘲的方式來化解眼前的尷尬。但當妳的閱歷不夠時，很容易會因為聽不出來對方話中有話，所以導致妳做出背道而馳的行為讓對方反感或甚至激怒對方，那自然談不上為對方提供情緒價值。

當妳能獲得情緒價值提供的能力時，無疑在任何的人際關係當中，都能成為舉足輕重的角色，畢竟以現在這個時代來說，我們不缺乏聰明、有才華的人，缺乏的是擁有真正能夠理解他人，而適時給予情緒反饋這樣特質的人。

2 或許該等情緒調整好，再來溝通

妳們有沒有過吵架的時候明明自己知道自己理虧，卻開始嫌棄自己男友的態度不好、為什麼不哄哄就沒事了，每次都要講一堆道理的經驗呢？這個社會對於男性一直有個莫名的要求是：「女友就是拿來疼的，講什麼道理！」雖然這類的話聽在女性耳裡很是甜蜜，而且也不算錯誤，但如果把這句話回歸到真實的戀愛狀態中，或許會因此產生更多難解的習題。畢竟如果真的不允許男朋友跟自己講道理，某種程度上，就是直接阻斷了溝通與互相理解的可能性。

我相信大部分的女性朋友都是樂於溝通並願意理解伴侶在想什麼的（不然妳們也不會正在看這本書），只是在事件當下，往往都會希望對方能照顧到自己的情緒，或是認為男性講道理時總是流露出一種嚴肅或甚至嚴厲的樣子。但回過頭來思考一下，當男人願意拿出時間精力跟妳講道理，就意味著他覺得妳是重要的，如果妳不夠重要，對方何必耐著性子一次次地解釋跟分析他的想法給妳聽？

另外，也有一部分的女性朋友知道這樣嬌氣是沒有用的，所以選擇不一樣的處理方式，她們選擇在發生爭執的時候進行溝通、解決問題。雖然看似積極，卻忽略了一點，那就是當下往往是帶著「負面情緒」進行溝通。

有情緒是正常的、情緒沒有對錯，但是不可否認地，當一個人情緒滿載的時候特別容易放大各種問題、放大自己的委屈、放大別人的缺點，在感情中尤其如此，甚至容易陷入受害者的情節。

所以在很多的諮詢案例中會發現，許多女性朋友一開始會訴說男朋友對自己冷暴力，但經過我這位第三方的局外人反覆詢問確認後，才發現那是因為很多女性朋友用處理「工作上的問題」的態度來處理感情問題，畢竟我們從求學時期到出社會時期普遍被教導要拿出積極的態度直面問題。

但這樣頻繁地把問題拿出來處理的態度，其實會讓男人很受挫。男人會疑惑明明自己什麼也沒有做，但卻好像總是被當作讓感情發生問題的始作俑者。

妳應該明白，感情是屬於人際關係層面的問題，跟妳在工作上所遇到的問題截然不同，因為工作上面的問題牽扯很多人的利益跟權益，為了大家的利益跟權益，當然要好好在自己負責的那個環節妥善處理。

但感情不同，再怎樣出現利益受損的狀況，通常只會是你們兩位當事人的事情，所以有時候太急於當下解決問題，其實都不能做到真正意義上的客觀。而且也因為男性幾乎都是直線思維，所以當妳帶著太多情緒處理感情問題，很容易不夠客觀。久而久之，男人在難以用道理溝通時，便容易認為自己身處一場不對等的談話，內心自然會越來越挫敗與匱乏，逐漸養成與其耗費大量的精神去進行溝通，不如避而遠之的行為，最終形成真正的冷暴力。

我覺得很多女性在處理感情問題時，確實都很正向。因為多數的女性都希望能在矛盾發生的第一時間，跟伴侶把所有的問題釐清、解決。不過，男人往往不可能一直花精力跟時間在跟妳磨合，因為一旦確定選擇了你，男人會把更多精力轉往「如何提供更好的生活給妳」這個目標上。

想要讓感情變得更好是人之常情，但如果因此陷入不斷地做比較或是想積極地改變對方，其實很容易讓男人感到厭煩。男人會覺得奇怪，怎麼每一天都有這麼多的問題要找我解決、溝通。大家進入感情的初衷普遍是為了開心、是為了得到一段舒服的關係。但不斷拿放大鏡檢視的行為，很容易讓對方反感。男人也需要一個能同理他的人，絕對不是在生活中多個人來時常指責他哪裡做得不夠好的伴侶。

所以，如果曾經溝通過的事情再度出現時，那就意味著你們之前的溝通、解決方式出了問題。此時應該更重視的是「如何替換方式」解決問題，而不是只用「自己習慣的、喜歡的方式」來解決，甚至不是溝通時任憑情緒肆虐，否則這個問題只會一而再、再而三的出現，最後演變成一個死循環。

對大部分男性來說，最好的解決方式，應該是在問題發生的當下，大家各自說好先彼此冷靜一下，因為雙方是為了想要感情更好，所以出現了意見上的分歧而引發矛盾。但是帶著情緒去解決問題常常會口不擇言，用最狠的文字或凌厲的言語去傷害了對方，我想這並非是你們溝通的本意。

所以請記得，感情中發生問題，並不是著急處理就會有良好的效果，雙方如果在情緒上沒有辦法控制，那無論用什麼方式溝通，都是無用的，彼此講出的每一句話都難以得到對方的重視。

因此當事件發生，先問問自己現在有沒有情緒？有，就讓自己冷靜下來，可能是幾小時、可能是幾天，都好過演變成口不擇言、一味地爭輸贏，讓對方誤解妳總是用情緒層面去看待、解決問題。雖然在溝通述說的過程中會希望自己的感受能完整地被對方理解，但別忘了，每個人都有各自看待事情的出發點，因為當我們過度重視自己的感受時，其實也容易忽略了對方的感受。

當妳準備要進行溝通了，也要確保自己不會使用帶著偏見的視角，避免用過於理智僵硬的言語溝通，因為有可能會讓伴侶覺得不被在乎，所以這邊提供一個方法給妳參考：

開始溝通時，先敘述對方在這段關係當中曾經做過的努力，給予肯定。再婉轉清楚地講述妳認為兩人之間所遇到的問題，用雙方都能接受的方式去為類似的問題制定專屬於你們的遊戲規則。就我的經驗而言，有制定遊戲規則的情侶在某種程度上因為大家都不想破壞這份默契，也能走得較為長久。

3 情緒勒索，並非解決問題的良藥

「情緒勒索」是近年流行的詞彙，不過很多人對於情緒勒索的定義混淆不清，認為只要對方提出來的要求不合理，就一概是情緒勒索。但如果這樣就定義是情緒勒索，那我相信很多人都要開始不滿了，畢竟某部分的人會認為那是在撒嬌、在討論，單純是每個人表達的方式不同罷了。所以我認為情緒勒索要從人、事、時這三個面向來看。

◆人：

基本上勒索者大多來自於你周遭生活中的人際關係鏈。他們可能是原生家庭成員、老師、主管、同學、同事、朋友還有伴侶。而這樣的人都擁有一個特點，就是他們認為被勒索者具備達成自己所提出的要求的能力，且他們無法照顧到被勒索者當下的感受或難處。

◆事：

往往勒索者會拿自己的經驗或是貢獻去干涉被勒索者的選擇，這樣的干涉往往夾帶著威脅意味，且勒索者會希望被勒索者要付出一些代價，來為被勒索者的決定與行為所帶給他們的失望、憤怒的情緒負責。

◆時：

這是最重要的一點，也就是「頻率」。勒索者有很高的機率平常就有情緒勒索的習慣。如果是單一事件的話，頂多是危言聳聽或杞人憂天而已。而真正的情緒勒索，同樣的勒索行為應該不僅僅是單一事件，而是會高頻率地發生。

情緒勒索的背後，多半是利用人們面對未知事物到來時，產生無從判斷的恐懼心理，然後將責任預先歸咎在對方身上，從而讓被勒索者感到無比壓迫後，在壓力之下產生所謂的「服從性」，最常見的情況通常都是來自於原生家庭。

那為何原生家庭常常會向孩子情緒勒索？

小孩在大人的世界也容易淪落為攀比的工具，父母會通過自認為豐富的人生經驗要我們無條件接納他們所提供的選擇方案，雖然動機可能是真的為了我們好，但父母在定義一個小孩子乖不乖時，卻通常從小孩有沒有按照父母所期望的樣貌或人生軌跡執行來評斷，也就是需要小孩展現出「服從性」作為依據。

所以很多人從自己的父母身上習得了這種情緒勒索，將這樣的模式複製貼上到自己跟伴侶的親密關係之中。以愛之名，用為了對方好的名義貫徹自己自私的想法。

正如我們常常看到有些情侶在一段感情中發生爭執，吵架淪為爭輸贏的時候，就開始模糊討論焦點，用情緒性的發言想堵上伴侶的嘴，例如：「我為你做了這麼多，結果你現在跟我吵這個？」

大部分的勒索者都習慣引用或「提醒對方」自己在這段親密關係中的付出，或是用失望的口吻向伴侶施加壓力，讓伴侶產生負罪感、不敢主張自我想法以及不舒適的心理壓力。

我記得我年輕的時候，也常常會對當時的女友提出一些無理的要求，例如，「妳現在不跟我好好談，以後就別談了」、「如果妳要一直這樣跟朋友出去玩，那妳可以做好單身的準備了。」講好聽點，當時的我是想用任性的手段來討拍、取得對方的關注，但這種行為其實就是情緒勒索。

在感情中，對伴侶情緒勒索往往都不會有好結果，因為時間久了就會被伴侶看穿，對這樣的行為感到麻木，最後對這段關係失去信心。有些勒索者甚至還會為自己辯解：「我其實就是刀子嘴、豆腐心，為什麼你當真了？」埋怨伴侶為什麼不再給予機會努力相處看看，並稱作是想要引起伴侶對自己的關注才有此行為，但只要是經歷過的人都知道，這種作法只會適得其反。

如果妳覺察到自己也有想要情緒勒索伴侶的衝動時，請記得先問問自己以下三個問題。

1. 妳是否有轉嫁自身的期望到伴侶身上？

2. 妳說這句話或做這件事情，是想要達到何種目的？

3. 妳需要對方改善或調整的問題，是否會經好好溝通過？

大多數的文章都在教導被勒索者應該要如何自保，但我希望既然看了這本書，我們都能積極覺察自己也可能是慣用情緒勒索處理感情問題的那方。其實，戀愛中很多的情緒勒索是出自於不知道如何正確地與對方溝通自己的感受或需求，或是習慣情緒性發言而不自知，所以如果覺察到自己有情緒勒索的傾向與慣性，那麼請試著在事件當下、與伴侶溝通前能先把上述三個問題想過一遍，找尋真正能解決問題的方法，也不至於被莫名其妙地冠上「情緒勒索」的罵名。

4 當情緒大量消耗，就會離分手不遠

我們每天用得最多的就是我們的「情緒」。從早上出門的那一刻開始，覺得天氣這麼好卻還要上班，感受到「煩躁」的情緒。到公司後，為了新的專案，與同事討論了很久卻遲遲沒有結論，覺得真是浪費時間又「很不爽」。到了下午同事請吃下午茶，心情稍微回到「愉悅」的狀態。晚上終於下班了，卻因為下班時間的捷運站總是這麼的擁擠，而相當「無奈」。回到家後想好好休息，手機突然收到父母千篇一律的叮嚀而「不耐煩」。接著看到社群平台可愛動物的貼文，又覺得內心被「療癒」了，以上起起伏伏的情緒，是否就像我們的日常呢？

情緒雖然是抽象的，但給我們的感覺卻相當真實。情緒的產生可以來自於內在、也可以來自於外在。任何人事物都有可能引發情緒。就像有時候明明一整天沒做什麼很辛苦的體力勞動，也會因為看了一部感人至深的電影、膽戰心驚的恐怖片而頻繁地產生情緒，因此容易感受到「累」，而這種累就是因為過度消耗情緒所導致。

情緒就好像呼吸、吃飯、睡覺那樣的自然與氾濫，所以我們常常會忽略它的重要性。好的情緒可以滋養人生，不好的情緒則容易將我們消耗殆盡，甚至如果負面情緒沒有宣洩的出口就很容易反應在行為上。當情緒得不到重視、並且被大量消耗時，輕微一點的狀況可能就是對人不理不睬、對事漠不關心，而嚴重一點的就會對別人破口大罵，甚至施以暴行。

雖然說相對於以往，現代的人更加關注自己情緒，但也因為生活緊湊，使我們仍然容易遺忘或不得已必須忽視情緒的存在。像是許多人不夠重視自身的感受，常常用自我安慰的方式來撫平情緒，忽視情緒是需要被理解才能排解的產物，久而久之患上心理疾病。而也有人是很重視自身情緒，卻苦於不知道如何表現或排解，反而將自己的負面能量轉嫁到他人身上，直接或間接地對他人造成情緒上的消耗。

在戀愛中，最常見的就是後者的狀況，很容易借題發揮將情緒丟到另一半身上。而情緒真的是男性最害怕也最不擅長處理的問題。最經典的例子就是「女朋友的生理期」。

「你不知道我今天月經來嗎？還叫冰來吃？你知道我只能看不能吃有多痛苦嗎？」

雖然有基本健康教育觀念的我們都知道，女人生理期的時候容易受到賀爾蒙的影響導致生理上的疼痛以及心理上的情緒起伏，但這絕對不是女性拿來教訓另一半的藉口。或許愛妳的另一半會下意識地認知到，這樣的行為確實讓妳心情不佳而道歉。但說實在的，對方並沒有故意誘惑或是邀請妳吃冰的舉動，可能此時的他只是想自己好好享受一碗清涼消暑的冰品。

不知道大家有沒有發現，通常自己會想發脾氣的對象，往往是讓自己「最有安全感」的伴侶，甚至安全到認為對方不會輕易離開這段親密關係。

這樣的案例真的不勝枚舉，因為很多人對這樣的情緒轉嫁是不自知的，也有很多人誤解親密關係中的兩人理所當然要承接住對方的情緒，否則就是不夠貼心，但往往結果是當伴侶哪天再也承受不住這樣的情緒消耗，就會迎來分手的局面。

其實我們能夠向對方表達、請求對方理解的是「感受」，情緒則應該是要自己想辦法排解的。如果妳有覺察到自己容易有轉嫁情緒給伴侶的衝動，卻又一時還不懂如何表達感受時，不妨試著先從以下看似不起眼但卻很有用的小方法開始練習，再慢慢學習用恰當的語言、行為讓對方了解自己的感覺。

◆ 事緩則圓，通常會想轉嫁情緒都是因為急躁所導致，如果遇上自己真的不能接受的事情時，更應該緩緩，想清楚再去處理。

◆ 盡快離開爭執的現場，絕對不要讓自己停留在原地，製造更多與對方獨處的機會，盡量往人多的地方移動，因為大部分的人在眾目睽睽之下，相對會比較能克制自己當下的負面情緒。

◆ 避免過於頻繁地在兩人共同生活的空間裡檢討問題，因為爾後只要待在相同的環境下，就容易被這個環境提醒兩人曾經有過的不愉快，甚至因此產生更多、更新的爭執出現。

5 學會對自己的負面情緒負責

「一定要找一個能接住妳情緒的伴侶。」

「一個男人真的愛妳，就應該要愛妳的全部。」

大家應該都有在各種媒體上看過這種戀愛標題、雞湯文案或者是影劇台詞。能夠接住女人情緒的男人，我相信對女性朋友來說，確實是一個很不錯的加分表現。

但身為男人的我看到這樣的「戀愛建言」時總會思考，這是不是也變相地鼓勵女性不需要留意自我情緒控管呢？就好像「哪怕是面對多麼誇張或極端的情緒表現，男人都該無條件地包容」才是正確觀念的錯覺。

不管是這類戀愛標語或是兩性相關的社會新聞，其實都可能將女性引導到錯誤方向，間接導致一些女性朋友把「權益的維護」當成是勒索男人的武器，讓男性覺得自己隨時都可能會成為眾矢之的，躺著也中槍。而且也讓部份女性朋友開始依樣畫葫蘆，盡可能想把電視劇男主角演出的那種超人般的包容力、明星般的外在條件當作是擇偶標準。天知道，天底下有多少愛情就是敗在太把偶像劇當真，硬要將美化後的劇情搬到真實的兩人世界中上演。

在僧多粥少的感情市場中，大部分的男性朋友為了想要找到另一半，還是會盡量配合女性的這些想像，加上一直以來多數男性朋友都認為女性在戀愛方面是比較在行的（因為大部分的男性不如女性那麼關心兩性議題），所以也往往會因為已經對女性產生好感，而盡量按照她們所形容的條件與需求去包裝自己。

但是通常這種包裝維持不了多久，因為最終都會回歸到一個問題——耐心。絕大多數的男性朋友很少有機會去練習培養耐心。既然沒有經過練習，那又怎麼會覺得男性朋友天生就有本事去承擔女性相對細膩的心思與負面情緒呢？

雖然戀愛當中會附加著各種好處，像是有人能分享、有人能陪伴、有對象可以傾訴、有個相對理解自己的人能夠給予關心或是不同的觀點與意見，但若因此認為這樣就有人來照顧自己負面的情緒、脆弱的感受，那這種看法恐怕就太狹隘了，也會讓天秤過於往一邊傾倒，一段親密關係就會失衡。

所以如果曾經因為伴侶忽略自己的情緒而傷心甚至憤怒的女性朋友，或許可以試著理解一下這句話——沒有人天生有義務要去承擔另一個人的負面情緒。也許妳周遭真的有人願意這樣做，但是請不要拿著雞毛當令箭，總是用網路世界或戲劇中虛幻的標準，去要求自己的另外一半。可能妳會說：「但他不開心的時候我都會陪他、聽他說啊！」是的，但我相信如果對方總是誇張地或頻繁地要妳為他的心情負責，或是他自己完全不具備成年人的情緒控管能力，那麼妳終究也會心如死灰，甚至可能比男性更早開始思考分手這回事。

世界上能無條件接受妳負面情緒的，可能只有跟妳有血緣的家人，因為他們對妳有照顧的責任、有義務要撫養妳成人。說到這可能很多人不知道，甚至連兄弟姊妹之間其實對彼此都有撫養的義務唷。而回到感情面來看，對方終究只是妳的男朋友，而不是妳的家人。

妳可能也會問：「難道那些能維持長期親密關係的女性完全都不會有負面情緒嗎？」不是的，我認識很多真正能在親密關係維持長久的女性朋友，她們也會有負面情緒的時候，但她們會用冷靜訴說的方式來告訴自己的另一半自己目前的情緒是處在於什麼樣的狀態，她們只會做到「告知」，而不會去要求伴侶「負責」，因為她們比誰都清楚這樣的負面情緒在未來也會一直從工作上的不順心、跟朋友的爭執、跟家人的衝突等各種層面的事件中不斷發生，所以學習如何轉變自己的情緒也就成為一門新的人生課題。

我想提醒的是，並非完全不能表現負面情緒，而是當妳不小心將情緒轉嫁到對方身上時，那無論如何妳都應該在事後跟伴侶認真地道個歉，並表示妳會學習在精神上、情緒上讓自己更獨立、更完整自己。而不是慣性地歸咎於伴侶，希望對方無條件地吸收。

每當妳產生負面情緒時，可以循序問問自己以下幾個問題。

「我有這樣的情緒，是不是對方造成的？」

「如果不是對方造成的，我這樣請他吸收我的情緒，對他是公平的嗎？」

「就算是對方造成的，我可以怎麼表達，讓他知道我的不開心、不舒服？」

當問完自己這些問題後，也會使你更冷靜、更理智地去回想起當時兩人在一起的初衷。也不容易會因為這種情緒上的加壓，導致對方喘不過氣，喚回親密關係中的和諧與長久。

6 「樂觀」是感情中最強大的魔法

妳有沒有發現，現代人的愛情觀普遍都是消極悲觀，哪怕是根本沒有戀愛經驗、或一心嚮往戀愛的單身族群，也容易抱著既期待又怕受傷害的心情。帶著預設立場的劇本進入一段親密關係，往往又很容易被墨菲定律影響，越害怕的事情，越容易發生。

因為害怕，所以大多數的人逐漸喜歡在戀愛當中追求「答案」、「成效」。希望藉由對方的態度，揣摩出對方跟自己在一起之後，會用什麼樣的方式對待自己，又或者是在感情發生變化之前，能夠看出什麼端倪。於是，凡事一定要問個清楚，幾乎變成許多人在戀愛中的常態。

此外，妳有沒有曾經跟約會的對象或男友說「我想要的是一段認真的關係，以結婚為前提的交往」？

這句話的確字字都能顯露妳的真誠與認真，但是這句話背後的思維卻反而容易讓妳自己走進一條死胡同。因為當妳以結婚為前提交往，便容易在感情出現一點瑕疵時，就變得沒有包容度或失去調整的彈性空間。也就是說，只要對方做出某種「違背」妳對未來老公想像這類出格的事情，哪怕當下妳選擇忽視，但隨著時間拉長，這件事情也像一根心頭刺卡在妳的心中，因為妳會很容易把這個「違背事件」當作是擋住妳走向婚姻的一塊大石頭。

還記得在我情感諮詢的案例當中，有個女孩子相當悲觀，她告訴我說她發現男朋友好像什麼話都不願意開口跟她分享，她覺得男朋友可能不愛她了，所以非常苦惱，想知道到底下一步該怎麼做比較好？

我鼓勵著她，並說：「有時候男人不說出口，只是因為這件事情已經對他造成情緒上的影響，大多數男人會認為他自己都沒有辦法處理的事情，也不想帶給另外一半壓力。況且今天他再把這件事情分享出來，也只是讓兩個人同樣為了一件事情煩惱。更容易因為這樣的分享，造成兩方都沒能在這段親密關係當中提供正向的影響，畢竟男人在社會中本就扮演著需要趨利避害的位置，他會覺得這反而是一件很危害關係的事情。」

這個女孩聽完以後逐漸明白原來會有這樣的考量，於是接著問：「那還有沒有什麼事是她可以做的？」我回答她：「有，就是樂觀！」起初她對於我說樂觀這件事情抱持著懷疑的態度，還認為怎麼可能只要樂觀就可以解決？

我告訴她：「樂觀其實就一種態度，更是一種選擇。當今天發生一件可能會讓妳很難過的事情，但妳願意用正面積極的角度去看待，這就是樂觀。」

舉個最簡單的例子，很多人只要發現另一半在「應該秒回的時段」卻沒有回覆自己的訊息時，就會開始胡思亂想，認為對方是不是故意不回覆？又或者是不是偷偷跑出門跟其他女人幽會？這種想法算很悲觀、消極吧？

但正面的想法則應該是冷靜下來思考，對方現在應該是臨時遇上一些狀況來不及跟自己報備，等到對方將事情處理妥善後應該就會跟自己聯繫。

在感情中，最冤枉的就是被胡思亂想的念頭吞噬了自己，正如文章開頭提到的墨菲定律，「越害怕，就越有可能會發生」。況且這樣的胡思亂想並不能帶來實質性的幫助，還有可能會蒙蔽妳看見事實的雙眼。

大部分的女性朋友都會立志在感情中當個聰明人，這樣才能好好保護自己免於受傷。於是誤以為與其樂觀地看待，倒不如悲觀一點，把可能的風險都先想過一輪，不停地給自己打預防針，因為至少當兩人真的發生問題時，比較不會這麼的受傷。

但這種作法，容易讓妳將精力都花在保護自己上，又怎麼有多餘的能力去真正的做到愛對方？如果對方其實從來都沒有想要使壞的念頭呢？那是不是就會演變成妳的男友獨自一人在親密關係的主軌上，朝兩人約定好的未來邁進，反而剩下妳一直停留在支軌，只能遙望主軌那列火車持續行進，卻始終跟不上對方。

談感情的確是要耳聰目明、要懂得保護自己，但是一味地抱持悲觀的想法反而會讓妳將重心放在怎麼樣防守，而不是主動積極去進攻、去創造妳想要的愛情。所以如果已經在感情維持長久悲觀的妳，請了解維持樂觀的想法並不代表你就是傻子，只是妳更堅定地選擇相信對方、更大器地選擇包容、更溫柔地選擇體諒，也表示妳有足夠的自信相信自己值得被愛、值得去愛。

Chapter 5

接近一段「雙向奔赴」的戀愛

1 搞懂男人，也別忘記搞懂自己

我們花了很多篇幅在探討男性的各種行為模式跟想法，畢竟好奇心、想追尋答案是人的本性，那麼妳有沒有問過自己，為什麼想談戀愛或為什麼要談戀愛？

我問過很多人為什麼談戀愛？答案眾說紛紜，有的人說是因為從來沒有嘗試過戀愛的感覺，而有的人則是因為朋友都戀愛了，自己不談戀愛的話會很孤單、很無聊，更有的人是為了結婚生子，礙於黃金生育期所以想盡快談戀愛，才能進入人生的下一個階段。在眾多的回答中，還有一些很有趣或是很難以想像的答案。但我發現很少有人回答：「是為了更了解自己。」

妳可能會問：「談戀愛，跟了解自己有什麼關聯？」

妳可以先看看自己有沒有以下這些經驗——跟這個人在一起後，才發現妳要的不是這樣的親密關係。或者是進入親密關係後，妳才意識到對方根本不能滿足妳對戀愛的想像，總希望對方可以再更理解自己一點。

會出現這些問題，大多來自於妳不夠了解自己，甚至妳花在了解自己的時間，遠遠不足妳去理解別人的時間。「情人就像是一面鏡子。」而這面鏡子能將自身的缺點反映出來，因為很多時候我們會將自己的想法投射到伴侶身上。

還記得有個女孩子很喜歡來找我諮詢，這邊暫且稱她為「小芬」。小芬每次來找我諮詢都是約半小時。每次都很熟練地把最近發生的事快速地跟我講一遍。她是個性很好的女孩子，不過她有個缺點就是太「討好型人格」了，她很迷戀被別人需要的感覺。

我曾經跟她說過：「妳應該要去開啟一段更認識自己的旅程。」

但小芬因為真的太需要透過「被別人需要」來證明自己的價值，所以常常會有一種聖母心態想去拯救跟她的性格、背景天差地遠的男人。每次的下場往往是把自己弄得一身傷。

印象很深刻的是，我記得那天是準備要過農曆新年的前兩天，她又一如往常地來找我預約了半個小時的諮詢，然後帶著聽起來剛剛哭過、很重的鼻音問我：「羅馬，我是不是就是活該被傷害？不然為什麼我明明都知道自己就是容易心軟，還要去飛蛾撲火……，我是不是還不夠了解自己到底要什麼？」

其實小芬這種狀況不單單是不夠了解自己。更準確地說，是她認為自己足夠了解自己，以致於產生了一種「覺得自己一定可以」或是「以前雖然不行，但現在應該可以」這類的天真想法。正因為這種高估或錯估，才會又讓她再次表現出「學不會教訓」的樣子。

當然這不完全是小芬的問題。如果沒有嘗試，又怎麼知道自己現在有沒有進步呢。我反而是笑著鼓勵小芬，並告訴她其實她很棒，因為這就像是學校的期中、期末考一樣，測驗的目的不正是為了測試自身實力現在到哪個階段嗎？

所以這段故事告訴我們，當妳明明戀愛一直都不順利，但妳的親朋友好友卻都告訴妳「妳真的很好」時，不妨試圖多花點時間來探索自己、認識自己。除了做到認識自己以外，妳也要做到「接納」——接納現階段的自己。因為有太多女性朋友只願意「選擇性」地去看見自己，所以也只能看見一部分的對方，而忽略了整段關係的全貌。

在其他諮詢的案例當中，我也常聽見「可是對方一開始對我還蠻好的」這句話，但坦白說，這不就是廢話嗎？如果一開始就對妳不好，你們也不可能跟對方走進一段親密關係。妳更需要的是綜觀全局的視角，而不是只單獨挑伴侶最好的那一面去跟最不好的那一面去做偏頗的比較。

以下有幾種方式，可以幫助學習認識自己、接納現階段的自己，並嘗試做性格匹配：

◆ 把自己想成為什麼樣的人寫出來，並順勢寫下如果要成為這樣的人，可能在這過程中會遇到什麼樣的困難。當妳將這些困難書寫出來，妳就會豁然開朗，知道要朝哪個方向去慢慢修正自己。

◆ 如果妳不了解自己想成為怎麼樣的人，那周遭的朋友、長輩當中，有沒有你想要效仿的對象呢？如果有，請嘗試寫下這個妳想學習的人所擁有的優點及缺點。這些優缺點就會是妳日後需要特別注意的地方。

◆多與親朋好友聊天，聊聊他們眼中的妳是什麼模樣？樣本數越多越好。針對有重複講到的項目，不管好壞，嘗試用去蕪存菁的方式來保留好的特質。以我自己為例，我每年會找周遭的朋友做一次這樣的年度檢討大會，這樣才知道跟去年相比是進步還是退步。

◆多去嘗試原本不願意嘗試的事物，只有多接觸，妳才知道自己對這件事情會不會有牴觸感，有可能這件事情以前妳不喜歡，但現在卻喜歡了。也有可能以前這件事情妳喜歡，但現在卻不喜歡了。定期檢視自己的喜惡也是一項很重要的指標。

2 建立好勢均力敵的價值匹配

許多女性可能都有一個共同的問題：「跟歷任男朋友在戀愛前期都很相愛，但不知道為什麼每段親密關係都無法長久且穩定？」

其實決定兩個人能不好好經營一段親密關係，除了相愛以外，更重要的是兩人是否合適。而合適與否，就要看兩人是否有做到「價值匹配」。我們先簡單介紹一下，有哪些價值會影響著我們的戀愛關係。

◆**情緒價值：**

提供他人當下情緒所需的言語或行為，即稱為情緒價值。

◆**陪伴價值：**

無需特別解釋或義氣相挺的陪伴行為，即稱為陪伴價值。

◆**生存價值：**

穩定的經濟基礎以及保護伴侶的能力，即稱為生存價值。

◆**繁衍價值：**

擁有好的外貌條件，能引發繁衍慾望，即稱為繁衍價值。

其中「情緒價值」跟「陪伴價值」比較屬於內在層面，「生存價值」跟「繁衍價值」比較屬於外在層面。內在層面的價值必須透過長時間的考驗才得以驗證真偽，而外在層面的價值通常比較直觀，能在短時間之內迅速了解。

以男性來說，四大價值當中，男性至少要滿足「兩項」，才有機會構成親密關係，但構成親密關係之後如果想要邁向穩定，那麼以上的四大價值基本上缺一不可。我再接著用最簡單的舉例來說明為什麼價值這麼重要。

一位A男，他擁有陪伴價值，但是他卻沒有能力提供妳情緒價值、生存價值跟繁衍價值，那他應該是一位只會專注於妳需要他的時候，他能當一位隨傳隨到的男人。而這樣的男人他沒有辦法在妳希望有浪漫氛圍的時候，滿足妳想要的情緒，甚至跟妳出門吃飯，因為沒有良好的經濟能力，所以在餐廳和菜色選擇上都顯得比較摳門。摳門就算了，外在條件上更達不到妳的標準。

這時有另外一個B男，他擁有情緒跟陪伴這兩項價值，但還是欠缺生存跟繁衍價值，那依照上面的舉例，我們大致上可以推斷，這個B男應該是隨時都在想一些花招來逗妳開心，也因為他還具備陪伴價值，所以當妳突然想到對方的時候，妳是可以隨時找到他的，但由於把心思和時間都花在滿足妳的情緒以及隨傳隨到，那麼他對事業的拚勁，就會相對比較薄弱，而且他並不擁有世俗眼光中好的繁衍價值，也就是沒有顏值。

以上A、B男的狀況，我相信蠻多女性朋友在交友的過程中都遇過這類的對象，如果非得要從A、B男中做出抉擇的話，應該很多女性會選擇B男。雖然A男、B男都沒有良好的經濟基礎及帥氣的外型，但單論交往的話應該還是來得比A男好，畢竟與A男相比，B男終究是多了一項情緒價值的優勢。

以上是男性價值展現的部分，那女性呢？

其實女性當然也需要看重價值的呈現，但是從古至今男人對女人的標準其實沒有這麼嚴苛，在前面的章節有介紹過，多數男人要的都是女性內心當中的那份柔軟。所以女性朋友大多只要能滿足「情緒價值」這一項，就已經比男性朋友要進入一段戀愛關係容易得多。

但是如果妳是想要往更深層的穩定關係去發展，甚至有結婚的打算，那才需要將生存價值跟繁衍價值考慮進去一併檢視。以現今社會的價值觀來說，要男人一肩扛起家計還是常態，畢竟在華人的社會當中，男人承擔社會責任還是比較主流的情況。但是如果今天男人因為一些原因，例如恰巧不幸被裁員，又或者是人生突發意外而無法工作的時，那身為伴侶的妳，是否可以協助擔負家計的重任，就會被列入需要考慮的價值之一。

雖然大家肯定都不希望有這天的到來，不過現實生活總是充滿意外，就如同女性朋友在挑選對象時，為什麼需要對方有穩定的收入，當然也是為了防患於未然。

因為除了價值是構成親密關係邁向穩定的門檻之外，在感情中，風險管理也是大家權衡利弊的考量。大家常常說生活要努力，要不斷提升自己，為的就是在某一天遇到自己喜歡的對象，可以不用有太多的顧慮，就能完美得匹配對方。

或許很多人會說：「但是大家對於價值的定義不同呀！」當然價值的衡量要看大家對於這些價值的細部定義，這也是親密關係當中兩個人要去溝通及建立的價值觀，絕對不是只有一方覺得好，就是好的價值。真正的好，應該是雙方都能同意且篤定。

3 卸下多餘的包裝，愛情更環保

當所有情感機構、兩性書籍都在教男人、女人如何打造自己，讓自己儕身充滿魅力的行列時，我們不難發現一件事情，就是通常只用了臨陣磨槍的時間去學習包裝，在進入感情之後沒多久，就被對方看穿，然後面臨分手。我想與大家聊聊其中的原因。

我也認為有適當的包裝很重要，畢竟佛靠金裝、人靠衣裝，好的外型、人設沒有人不喜歡。只是在戀愛中包裝自己，或許能獲得進入感情的入場券，但這樣的行為並不能幫助維繫一段長期穩定的親密關係。

在我眾多的諮詢案例當中，不管男人或女人都會有一個迷思，就是喜歡用自己的判斷來幫對方做解釋。說一個實際例子。那是個深夜，有位女性粉絲請求我在非諮詢時段時幫她解惑，以下暫時稱呼她為「小婷」。那天晚上小婷跟我敍述了很多關於她男朋友一開始對她種種的付出，像是滿足了她從小對愛情的理解一樣，男朋友無疑就是從童話故事中走出來的白馬王子，有好的工作及穩定的收入、又有自己的房子跟名車，甚至人品不錯又孝順。

直到半年後的某一天，小婷開始發現男朋友會因為一些小小的意見分歧，就開始使用冷暴力的方式來閃避小婷。儘管小婷想積極解決兩人之間的問題，但苦於找不到適合的解決方法，於是只好找我求助。

聽完後，我問小婷，在交往前她是否曾經講述過自己的心目中的伴侶形象給對方聽？小婷疑惑地問：「有啊，你怎麼知道？而且我還分享了很多我不能接受的點以及我未來所希望過的生活。」

我向小婷解釋，正是因為小婷這樣過早公布答案的行為，讓接近她的男人有了

「解答」可以參考。而小婷男朋友對於小婷的認識，也並不是從實際相處當中去了解，而是透過小婷的口述——從原本應該是申論的題目，卻被小婷劇透般的分享，演變成是「開書本考試」的填充題。

小婷接著問：「但在曖昧不了解對方的時候，大家不是都會藉由聊感情觀來進一步認識對方嗎？」

我告訴小婷，聊天很正常，聊些興趣愛好也很合理，但她把對未來對象的條件明擺在那邊，在這個任何資源都很發達的年代，如果她重視的東西又不需要男人大費周章地去張羅，我想很多男人都有辦法假裝擁有這樣的能力，來滿足小婷所開立出來的條件。

以小婷的案例來說，其實最好的方式應該是透過跟對方實際的相處，以及相處過程中不同形式的情境演練，來了解這個男人，到底他平常做這些事情只是為了符合小婷挑選對象的期待？還是本身就是擁有這樣的想法及條件。大家都知道機會是留給準備好的人，那當發現自己沒有準備好，可是又想收穫這段浪漫關係時，唯一的做法就只能靠「包裝」。

同樣地，我相信部分女性朋友也喜歡在感情當中包裝自己，不過女人的包裝比較偏向於「武裝」的形式。大街上隨處可見女人精心的打扮，全身亮麗的配件，對男人來說確實很吸睛。不過其中有些女性朋友會表現出撿到槍似的凌厲發言，可見多半是為了怕被自己沒興趣的人打擾而做出的包裝。

不過有趣的是，這樣的包裝又容易吸引比較缺乏安全感的男人，所以導致進入關係之後，男人也會疑惑：「奇怪，妳好像不如平常表現出來的這麼充滿自信？」反而讓男人在已經非常沒有安全感的狀態下，還要去付出超過自身心力所能給予的安全感，也會讓男人不得不開始審視這段關係的契合度。

這也是為什麼小婷的男友會從一開始的不夠理解，再到選擇努力配合她，最後演變成徹底看清跟她不適合之後，選擇不再直面問題，甚至在小婷積極想要排解兩人之間的問題時，對她的行為產生厭惡感。從包裝這一步錯開始，接著步步錯，導致兩人最後在發現對方真實面孔以後，有極大的機率會做出老死不相往來的決定。

對曾經也喜歡「包裝自己」的我來說，我覺得包裝最痛苦的事情就是，原本都讓伴侶對我有一個既定的印象了，但是經過長時間相處之後，卻發現這種包裝並不是真正的自己，於是慢慢地想在這段感情中偷偷做回自己。而這樣的行為很容易讓對方產生一種「我好像被詐騙」的感覺，一旦這種欺騙的感覺產生，信任感也將搖搖欲墜。

以前的我之所以會選擇包裝，跟大部分的人所顧慮的事情一樣，就是「怕別人無法愛上真正的自己」。雖然透過包裝確實讓我收穫很多段的感情，但卻沒有一段感情能夠持久，像是通過某種手段來獲得本不該屬於我的東西。

那麼，不包裝有什麼好處嗎？

在此我想先說明，我說的「不包裝的關係」，不是要大家不打理自己、不突顯自己的優勢，本篇文章所說的不包裝是：不做超出自己日常行為模式的事情，盡量展現自己最真實的狀態。透過不包裝的行為模式，我們自然可以在關係尚未建立的初期，篩選掉不適合的異性，也能讓正在約會的對象清楚了解自己，讓彼此有個檢視匹配度的標準。

或許這不免會破壞掉一些女性朋友對於戀愛的浪漫想像，但如果妳是真心想要尋求適合自己的親密關係，我認為「卸下包裝」反而更能讓彼此看清楚對方的本質，根本不需要不明不白地進入戀愛關係之後，才發現原來彼此根本不合適，那豈不是多此一舉又浪費時間。

不包裝，也意味著「真誠」，而真誠絕對是人與人之間能互相信任的重要基石。當妳願意將自己清楚地展示給對方看，對方又恰巧能欣賞妳這種「交友的誠意」而進一步決定和妳交往，這樣的坦承才能讓一段親密關係走得更久、更長遠。

4 從最不起眼的小事學習換位思考

在感情中會出現意見分歧、會分手，不外乎是因為大家來自於不同的成長環境、家庭背景所造就的認知不同與價值觀的不同。而價值觀的不同往往很容易引發情侶雙方的衝突，因為一個不小心，就強加自己的想法到伴侶身上，習慣性地認為自己的想法和作法才是比較「好」的。然而，我們理性上也都清楚每個人內心對於「好」的定義不同，所以情侶間很容易出現「那是你認為的好，又不是我認為的好」這類爭執。

我們明明是希望對方好，但每次在決定事情的時候，卻沒有納入對方的意見，擅自決定之後就直接執行，這很明顯是一種忽略對方感受跟想法的行為。

尤其是在一起一段時間的伴侶，也容易會出現「都在一起這麼久了，為什麼你還是不懂我要什麼」的想法。確實在一起久了，如果可以不依靠交流，彼此就能心領神會對方的想法，真的是美事一樁。不過，對於大部分的情侶而言，光是好好對話可能都抽不出時間了，更何況是直接猜到對方的想法。

我想說的是，大家在戀愛中常常以自己的視角去看待任何事情，但也正是這種「主角視角」讓伴侶認為：「是不是你只在乎自己的感受，我的感受對你來說並不重要？」就好像情侶中只有一人才是這段感情中的主角，而另一人卻只是配角。

所以在任何的人際關係當中，「換位思考」是一項很重要的能力。但這種能力卻是多數人在感情中難以做到的。

其實換位思考的本質就是除了你自己本身的感受以外，是否也能考量到他人的感受。我們都知道要有思考，才會有動機，有動機才會引發行為。但是如果連想都想不到，那要求從行為上做改變根本就是天方夜譚。此外，大多數的人只是嘴巴做到換位思考，但真正來到執行的那一刻，還是會不自覺地偏重自己的感受去做出讓對方覺得偏頗的決定。其實這是因為很多人不理解愛情，認為愛情是找一個伴侶來滿足自己。但結果恰恰相反，好的愛情應該是除了跟這個人在一起以外，還願意去成就自己的伴侶。

好的親密關係，一定是依靠著彼此生活中一點點的「犧牲」與「調整」，去成就「兩人的共同目標」。這邊用我朋友的故事來舉例。以下稱這個朋友為「凱文」。凱文的女友某天找凱文跟自己的閨蜜一起去吃下午茶，但凱文其實很抗拒這件事情，因為凱文認為吃下午茶是很不MAN的活動。

於是凱文跟我分享了這個困擾，他問我：「到底應該是要堅持維持自己男人形象的想法，還是選擇參與女朋友的下午茶邀約？」去了，自己會不開心，但女友跟她的閨蜜會很開心。而不去，自己會很開心，但女友跟她的朋友們或許會因此失望。

於是我回答凱文：「自己失望時，去打場電動，讓自己開心，心情一下子就可以平復。但女朋友要是對你失望，那要耗費的精神可能就不只一場電動的時間可以解決。」

凱文聽完後也頻頻點頭，認為非常有道理。凱文接著問：「雖然我覺得有道理，不過我還是很不想去。怎麼辦？」我告訴他：「既然要成為伴侶，那就意味著你不能只偏重自己的感受，而是應該換位思考一下：為什麼女朋友很需要你出席呢？肯定是女朋友有她的用意，暫且不論到底什麼用意，至少對方心裡有你，也不避諱帶你去讓她的朋友認識。難道不好嗎？」凱文聽完後也開始意識到，他好像太專注在自己做這件事情會不會開心，而忽略了一起出席一場下午茶，或許能為他們逐漸枯燥的感情生活帶來一些新的變化。

從上面的故事就可以知道，換位思考是同理心跟高情商的延伸，好多人其實都明白感情中需要做到換位思考，但卻總是無法做到知行合一的原因就是來自於對這件事情沒有足夠「深刻的體會」，沒有更進一步去想想對方的用意。要做到百分之百的換位思考確實是很難的一件事情，但不能因為難而就不願意練習。如果雙方當中沒有人願意學習換位思考，那感情開始出現一連串的矛盾絕對是必然的。

要做到換位思考的練習方式有很多種，以下列舉幾項方式參考。

◆ **勇於進行思想反駁，不過度依賴自己的看法，重視感受的公平性**

正因為大家來自於不同的成長環境，所以很多時候對於一件事情的看法只有主觀的優劣之分，並沒有對錯之分。「我真的是一個這麼自私的人嗎？自己是不是真的有點過於偏重自己的想法？」練習對自己提問，然後反駁自己原來的想法，就是最快可以化解矛盾並喚醒自己去體會對方感受的方法。

◆ **時刻提醒自己過度重視自己的想法時，同時也在忽略別人的想法**

當兩人的想法產生分歧，無法做到尊重他人的想法時，可以提醒自己這段感情應該歸兩人所有。感情並不是工作，自己也不是對方的主管，不需要這麼辛苦地去主導一切，感情裡有時候多走一些彎路，浪費的只是時間，而不是浪費了兩人的感情，甚至能讓這段感情更深刻、更有記憶點。

◆

嘗試成為對方，練習了解並閱讀對方的思維模式

最具體的方法是，試著利用放假約會的時間，採輪流的方式，將今天所有行程的決定權交給對方來做安排及決策，彼此體驗看看對方的思維與做決策的視角，除了爽爽當個小廢物之外，也能藉機體驗被操控一方的感受。相處應該是簡單、輕鬆的，放下控制欲能感受到的體驗會更為豐富。

5 愛上劫後重生 充滿魅力的自己

進入戀愛的人總不免會在某些時刻感覺到談戀愛真的很累，從飲食習慣、生活習慣、價值觀到對未來的規劃……等等，有太多需要顧及的地方。我們總是不斷地在感情當中跌跌撞撞，總是不愉快地分手，總是覺得自己好衰，每次都遇到不珍惜自己的人。「不過就是希望有個人能重視自己的感受、關心自己怎麼會這麼難呢？」這可能是很多數讀者朋友的想法。

我知道妳很受傷，有點不想相信愛情了。但我想提醒的是，或許戀愛的傷痛讓妳忘記自己也是這段親密關係的參與者，但除了意識到自己的受傷以外，其實妳也是擁有主動去做出調整跟改變的能力。

就我的諮詢經驗的觀察，有許多的女性朋友認為談戀愛就是等待一個男人的出現，來提供她們想要的生活、想要的感受、想要的寵愛。因為自己太缺愛的緣故，所以從來沒有思考過一個問題——為什麼這些東西不能自己給自己？為什麼只能將這些期盼建立在自己的伴侶身上？正因為有這些期盼，所以每次談戀愛都談得患得患失，而且總會預設好立場自己能從這段感情中獲得些什麼。

我想請妳回憶一下，當妳單身的時候，有天天在期盼這些事情嗎？是不是反而將更多的注意力放在自己身上，想著怎麼樣把自己打扮得更漂亮，想著如何在工作中取得成就，又或是讓自己去學習很多新的興趣、技能，充實生活，讓自己閃閃發光。而且是不是每當妳很重視自己時，反而有大批的男人會想靠近甚至追求妳？

這其實就是一種「愛自己」的表現，當妳很愛自己的時候，會清楚地讓周遭的人知道妳是如何對待自己、如何安排自己、妳是多麼地注重自己的感受、重視自己的未來。這樣的行為也會讓他人有機會去學習用妳喜歡的方式來與妳相處。愛自己絕對不僅僅是一個口號，更不是坊間為了商業而鼓吹的女人去逛街購物、幫自己安排ＳＰＡ或是用出國旅行來體現的，這些充其量只能說透過消費的方式來滿足自己，但無法做到真正意義上的愛自己。

真正的愛自己，會更專注在自己能展現出來的價值，而不是總希望透過建立親密關係的方式來滿足自己生活上的空虛與不安全感，以及自我的價值證明。所以，學會愛別人之前，先試著學習如何完整自己。當妳學會成為更好的自己，在戀愛的道路上其實就不乏追求對象，到那個時候，妳的煩惱可能反而變成如何從眾多的對象當中去挑選適合自己的伴侶，而不是一直專注在男人需要什麼，所以讓自己配合對方，提供什麼或成為什麼。

愛雖然是與生俱來的能力，但我們都需要透過後天努力練習，才能更具體地展現成果。多數人都被誤導以為自己可以不用透過練習，就很輕易地知道該如何去愛人，但事實上妳所呈現出來的愛，可能是來自於妳想像的投射。妳永遠無法確保對方的想法跟妳一致，但別忘了，妳才是那個可以時時刻刻檢視自己、確保自己到底要什麼的人。

所以愛自己有個大前提是你足夠了解自己。不夠了解自己，你就無法制定出自己的擇偶標準，也就容易成為一艘在感情汪洋中載浮載沉的小船，只能隨波逐流、被動地等待別人來先對妳進行權衡利弊。那為何不化被動為主動，去追求自己想要的戀愛。

當妳足夠了解自己，適合的對象出現時，妳也能輕易把握住邂逅的機會。當妳足夠了解自己，處於一段極為痛苦的戀愛時，妳也能夠當機立斷地切割不適合自己的戀愛關係。好的感情依靠的不是不斷地退讓自己的底線，而是更深刻地去了解自己要什麼，讓自己能夠愛人有度，也能及時停損不適合的親密關係。無論是單身或是非單身，也能隨時讓自己維持在一個有魅力的狀態。

我也想鼓勵各位女性朋友，不要有「萬一現在錯過了，這段關係是不是就不存在了」的念頭。會讓妳錯過的，往往都不會是合適的親密關係，也期望妳在任何時候都不要放棄成為更好的自己。即便是自己的伴侶，也應該是那個能鼓勵妳往更好的人生道路推進的助力，絕對不是阻止妳成長的攔路者。

如果妳並不很清楚如何做到愛自己、了解自己，使自己成為一位充滿魅力的女性，我想提供幾個自我檢視與改變的方法。

1. 不把他人衡量價值的標準當作是自己的標準

總是關注別人喜不喜歡自己，甚至想把自己變成別人喜歡的樣子，但其實妳更應該先問自己：我喜不喜歡自己現在的樣子？

2. 透過每段戀愛，更充分了解自己的戀愛需求

戀愛經驗多並不可恥，不需要為了迎合男性的想法，而抑制自己想透過戀愛更認識自己的念頭。但談得越多，伴隨而來的心痛可能也會越多，我希望從現在開始，妳可以在收拾這些心痛後，重新理性面對自己這些傷痛之所以出現在人生中的根本原因，當作是為了學習更認識自己所繳出去的學費，而不是讓心痛僅僅成為一種感受。

3. 努力去發掘能穩定提供正向情緒的多重管道

別再把自己能不能自信、安全感、快樂的能力交到伴侶手中，妳應該學習嘗試不同的興趣以及技能，讓其他對妳有增益效果的事情來穩定提供妳正向情緒，而不是一直建立在自己不可控的人事物上面。

4. 除外在價值提升之外，別忘了內在價值提升

現在是個看臉的時代沒有錯，但千萬別忘記，外表永遠只能是進入關係的門檻，更重要的是妳整個人的內涵、氣質有沒有辦法跟妳的容貌一樣，讓他人讚賞。

5. 注重自己的身體健康，保持良好的運動習慣

愛自己，當然要注重自己的健康。如果平常都讓自己處在一個不健康、高壓的環境也很容易影響生理跟心理，培養運動習慣是個能維持良好體態、發洩壓力的最佳出口。

6. **盡全力做到自己給予自己，不期待他人幫助**

談戀愛是希望彼此生活更好，沒有人會為了讓自己過得不好而談戀愛。拿對方擁有的資源來跟自己的需求做抵銷，那只會是一減一等於零，而不是一加一大於或等於二的親密關係。

7. **保持彈性，嘗試建立與原有人設反差的角色**

戀愛不是急著讓對方知道自己興趣、習慣的過程，所以妳太刻意維持自己的人設就如同一本小說翻閱完了就是完了，發掘不了其他更新鮮的篇章，讓自己喪失探索價值。所以稍微保持一點彈性，偶爾嘗試跟自己平常呈現的生活有點小反差的事物，反而有利於促進關係長久發展。

8. 再精緻的妝容，都比不上由內而外嶄露的笑容

男人固然喜歡女人精緻的妝容，但絕大多數的女性朋友都忘記用上一種保養品，就是「微笑」。情緒是會傳染的，愛笑的女人絕對比時不時板著臉的女人來得更受歡迎，請嘗試把笑容也當作是每天的化妝品吧。

6 揮別甘蔗男戀愛宇宙

「剛認識的時候滿滿的粉紅甜蜜泡泡，但相處之後才發現對方的本性。」這是許多女性朋友共同的戀愛經驗，導致女性談戀愛通常最擔心的就是自己正在約會的對象，或是剛建立親密關係的男朋友到底是不是個渣男？

提到渣男就不得不再度提到「情緒價值」，女性之所以容易中渣男的招數，其實就是因為渣男通常是提供情緒價值的高手。他們太懂得提供女性朋友想要的情緒，所以在認識初期會把自己包裝成女生心目中「完美伴侶」的形象來接近女性朋友。

渣男更懂得「營造氛圍」，讓每次的約會是著重在「質」，而不是「量」。所以，渣男在剛認識女性時，並不會很頻繁地向女性發出約會邀約，但每次的約會一定都能讓女性朋友體驗感滿滿，絕對不會讓妳敗興而歸。那麼沒和女性約會的時候在幹嘛呢？肯定是在安撫其他交往的對象呀，不然怎麼會稱這種人叫作「渣男」？所以他自然會在自己消失期間，營造出「他沒邀約妳的時候，是因為在努力生活」的形象。

而在之後的相處過程中，會不斷利用讓女性投入大量經濟學理論所提到的「沉沒成本」，也就是引導女性在親密關係還沒有形成之前，就被迫對這段關係做出「付出」的舉動，或是透過心理學當中著名的「富蘭克林效應」，要求女性可以幫助他一個無足輕重的小忙，下次再從「小忙」漸漸升級成會有一點心理負擔的「大忙」。當然渣男也會很識相地透過請女性朋友吃個飯、看場電影來感謝女性的付出，讓女性原本不平衡的心理狀態又得到平衡。久而久之，女性有付出，自然就會關注這段關係能否開花結果，希望自己能成為對方的親密伴侶。

就我的觀察而言，高富帥有當渣男的資本，但渣男可不一定有高富帥的條件。幾乎所有渣男都是利用價值匹配落差的高手。他不需要本身條件非常好，他只需要「善於觀察」以及發揮他的「情緒價值」即可。例如當渣男發現妳並不是特別有自信，或者是一位沒有自我生活目標的女性之後，就會利用女性的「慕強心理」，營造出他能豐富妳生活的假象。渣男能夠帶給這樣的女性很浮誇且難忘的生活體驗去刺激女性的感官，類似於心理學當中的「吊橋效應」，這也是渣男的常用手段之一，透過讓女性去經歷一些生活當中不曾有過的體驗，而且狀況越浮誇反而越能取信於女性。

此外，大部分會遇到渣男的女性朋友在建立關係的前期，就像「觀眾」一樣的角色，既然是觀眾，那自然處於「被動」狀態，畢竟對方演什麼，妳就看什麼，演得好看，妳還會鼓掌。而這種被動角色就讓女性朋友漸漸地被潛移默化，默默地將自己定義成「付出沒有比對方多」的那端。相反地，渣男就會因為女性朋友無意識「抬舉男人」的舉動，將自己變成是「真的有在付出」的那方，而這種付出，即是一段關係貢獻價值的展現。但對渣男來說，這樣的付出可能都只是舉手之勞的小事情，可在女性朋友的認知中，會因為「從來沒有人能讓我這麼開心耶」這個原因，說服自己一定要好好把握住眼前這樣的男人。正是這種想把握的心態，讓女性朋友一步步自己走進渣男的陷阱。

以下用幾個常見的狀況來幫女性朋友解析，到底對方是不是值得繼續深交的對象。

◆「他說他被以前的女朋友傷得很慘。」

當一個男人提到以往的感情經歷，只會將自己的遭遇形容得很慘，甚至告訴妳「他是單方面受到傷害的那位」時，這就意味著他完全地把責任歸咎於他的前任們，簡單來說，就是會分手都是前任們害的。但人們時常說一個巴掌拍不響，但凡稍微有點理智、有點戀愛經驗的人都知道，感情出問題怎麼會是單方面的問題呢？

◆「他的好朋友好像都是渣男。」

物以類聚、人以群分，當男人周遭的朋友有渣男存在時，就意味著這個男人身為渣男的朋友，卻沒有盡到身為朋友的責任，沒有擔當好朋友的角色，放任自己的好友當渣男。我要提醒的是，不要再聽男人解釋說「清官難斷家務事，這事情跟自己無關」。今天這個男人選擇跟這樣的人成為朋友，那就是有關。因為從來沒有人逼迫他一定要跟這樣的人建立情誼，哪怕是認識很久了，有高機率能影響自己「成為不好的人」的這種朋友都不該深交。

◆「他總是跟我借錢，但從未歸還。」

一個愛妳的人，讓妳幸福都來不及了，怎麼還會去增加妳的負擔呢？難道他沒有其他借錢的管道嗎？同樣又是利用女性同情心的手段，才會大言不慚地找女性開口借錢。我們是談戀愛，不是找商業夥伴，保護好自己的財產去建立關係是很合理的。如果需要透過金錢才能維繫的關係，絕對不是單純的戀愛關係，更像是一場以錢換愛的交易。

◆「他情緒常常不穩定，但他說這就是他的個性。」

身為成年人控制自己的情緒就跟日常的呼吸、睡眠一樣重要。前面的章節也有講到大家都該為自己的負面情緒負責，而不是把自己的情緒轉嫁到伴侶身上。每個人一定都有改變自己個性的能力，而且將不穩定的情緒怪罪到個性，充其量只是逃避讓自己變得更好的藉口，不願替自己的行為負責。

◆「他控制慾超強，只要不服從就會出現暴力傾向。」

我想跟各位女性朋友說，會出現暴力傾向普遍都是一開始把女性想像得太好，而不容許在日後的感情生活中出現一點雜質的男人。白話一點來說，就是雖然他正在跟妳談戀愛，但更多是跟「自己所想像出來的妳」談戀愛。這樣的人普遍對於戀愛都是希望付出能得到回報，只要沒有按照他所制定的劇本進行，就會讓他渾身不自在。遇到這樣的男人千萬別試圖勸說他，希望他浪子回頭，因為如果他早就認知到這種錯誤的行為的話，也輪不到妳又再經歷一次來自於他的暴力。如果真的不適合就盡早分手就好，暴力行為是不該有藉口的。

那什麼樣的女性容易遇到渣男呢？

1. 善良無度，認為每個人都值得被善良對待。
2. 社交領域極為狹窄，缺乏兩性經驗交流的管道。
3. 自視甚高，認為自己很精明，結果聰明反被聰明誤。
4. 著急尋找伴侶，往往容易僅憑好感就決定進入親密關係。
5. 容易滿足於對方低成本付出，把聊天能力看得過重。
6. 容易退讓自己戀愛中的底線，總喜歡為他人找藉口。
7. 只聽信男人給的承諾，但從來不從對方的行動去驗明真偽。
8. 沒有做好價值匹配，總想與高出自身價值的男性建立親密關係。

那麼到底有沒有方法可以揮別渣男，讓渣男不再接近自己的生活？當然有。以基本人性來看，大家在陌生人面前都會注重形象包裝，但如果有個男性能在妳面前袒露出他自身的缺點，或是據實以告地說出以前曾經犯過的錯誤，用最誠實的樣子去建立跟妳的友誼，透過這樣的方式，就可以在建立親密關係前過篩掉很多渣男。

但是遇到手段高超的渣男，就不能只用以上的方式去判斷，所以只要妳還有疑慮，那就該拿出「更多的時間」相處來檢視彼此的三觀，透過反覆地使用之前提到的情境演練以及長久相處去驗證這個人的誠信，比起男人用嘴巴畫大餅，談戀愛更該注重的是對方實質的經營行為。

7 培養健全心態，讓戀愛無往不利

從開放諮詢以來，已有超過千位的讀者與我分享他們的戀愛故事，向我尋求建議。他們想要的不只是雞湯式的安慰，而是因為對方雖然是自己極為珍視、親密的人，有時卻像陌生人一般難以理解，所以想與我討論出自己所遭遇感情問題的癥結點和真正能協助感情順利的做法。因此寫這本書時，我一直希望讓這本書成為兩性互相理解的橋梁，所以我從第一章開始，就以男性的視角去敍述、揭露、坦承男人在戀愛時的思維與行為。這並不是要幫男性說話，純粹是想要讓女性朋友知道，看待事情其實還可以有很多種視角。

當妳跟伴侶在感受同一件事情的時候，每個人的想法不同，他覺得他對、妳覺得妳對，大家各持己見。但事實上戀愛中很多問題並不是爭對錯，而是可能彼此都不想改變自己的想法，選擇站在伴侶的對立面，又或者是你們兩人沒有這麼適合罷了。畢竟每個人的出身環境、所受到的教育不同，我們都可能從未站在對方角度去思考過。

此外，我們時常因為聽朋友講述戀愛的感受與想法，就開始產生憧憬，因為吸收了點新的思維，就認為自己應該也有能力去戀愛了，但往往悲慘的結局都顯示自己根本還沒有準備好戀愛，不只傷害了自己，可能也傷害了別人。雖然每個人的戀愛問題看起來都差不多，但實際上很難完全去類比或完全複製別人的經驗，只要遇到一個我們不曾想像過的事件，都能瞬間顛覆原本對戀愛的認知。

談戀愛最重要的其實是「如何看待戀愛這件事情」的心態，如果總是一味地用自己的視角，那麼當事情走向意料之外的地步時，自然很容易不能接受突如其來的狀況，甚至是打擊。

那麼看待感情究竟應該用什麼樣的心態呢？

◆ 1. 不從輸贏的角度去看待戀愛當中所有的爭執

爭執這件事情在每對情侶身上都會發生，各執己見的時候應該去做到互相退讓，各自吸收一點傷害去達到完美的平衡，絕對不是只有一方在容忍，爭執更不是一場戰爭需要去計較輸贏，而是兩人是否因為這場爭執更加了解彼此。

◆ 2. 克制改變伴侶的念頭，專注在調整自己的思維

改變對方太難，但妳可以改變自己。轉個念，想像對方就是因為找不出解決方法，才會一直在原地踏步。如果妳是那個有能力可以幫助伴侶的人，妳可以「先行提出」解決方法，給兩人一個機會，而不是一直在做責任歸屬，分化彼此。

◆ 3. 主動開口講述感受跟道歉，是難能可貴的特質

總是覺得主動開口道歉很難為情的話，不妨換個想法，想想自己不是跟自己的伴侶道歉，而是在跟你們共同經營的這段感情道歉。原本談戀愛的目標應該是彼此變得更好更快樂，但只要有一方沒有讓這段感情變得更好，嚴格說起來都像是這段感情的「叛徒」，所以當如果爭執僵持不下，而妳也自知有理虧的地方，先開口道歉，反而更說明妳是高格局的那一方。

◆ 4. 戀愛是半糖主義，別妄想時刻保持全糖狀態

只要當一方表現得沒有這麼投入時，通常另一方一定會想責難。其實這有可能是其中一方希望能有多一點自己的空間（例如 me time、從事自己的興趣活動），而不能直接判定為不重視對方。這有賴兩人協商，討論出各自保有一點空間和時間的具體作法，好讓感情能細水長流。

◆ 5. 愛情是動態，沒有什麼事情是長久不變

千萬不要聽信雞湯文案告訴妳「真正的愛是不會變的」，變得更好難道不是一種改變嗎？如果交往不能變得更好，那麼感情就是不進則退，日趨平淡。所以不要

想說感情變了一定是有一方變得沒有這麼投入，或許只是目標變得不一樣，從花心力追求妳，穩定跟妳的親密關係，到轉變成想給妳好的未來，所以必須調配自己的心力到不同的生活重點，妳覺得兩者會是不同的初心嗎？

◆ 6. 尊重兩人之間的差異，能共同分享，也能各自發光

情侶之間如果有共同興趣是很可貴的事情，多數人都會希望伴侶跟自己的興趣相同，一起體驗共同興趣所帶來的快樂。但如果不同，也可以透過分享幫助伴侶了解不同的領域，也是一件很有意義的事，相似的人玩在一起，互補的人成就彼此。

◆ 7. 學習認同自我的價值，不用因為無聊的事擊垮自己信心

在感情中容易胡思亂想是大部分女性的通病，會胡思亂想通常來自於對自己的不自信，如果妳從戀愛中覺察到自己其實不自信時，代表妳需要將重心從戀愛層面向外轉移。盡快去發掘一個自己有興趣的領域，除了有興趣之外，最好還可以給妳帶來成就感，哪怕是不起眼的小興趣也無妨。妳自己能認同妳自己的價值，比接受

別人的肯定更為重要。

◆8. 害怕受傷是天性，但不意味著能不斷試探對方的真心

不論男女，都會擔心在感情中受到傷害，很少人在戀愛時可以避免受傷這件事情，正是因為有愛，才有機會被傷到。既然大家都有機會受傷，那就不該透過事件去考驗對方、或是逼對方講出當下根本不想說出口的話。這就像是毒癮發作時，暫時得到緩解的短期作用而已。盡量開拓自己的眼界，多將時間運用在自己身上，除了不再讓伴侶感到壓迫外，同時自己也獲得了成長，是雙贏的局面。

◆9. 不用目的性去看待戀愛這件事，該重視的是它所帶來的體驗

大部分的人都希望戀愛開花結果，但用過度抱持著目的性的態度與伴侶相處，只會突顯自己的得失心。就算不是很嚴重的事情，往往也會演變成一發不可收拾的狀況。談戀愛大家都是想要享受開心的，不是來接受軍事訓練，千萬不要把對待工作的態度用在自己的伴侶身上，認為彼此有非達成不可的ＫＰＩ。

♦ 10. 不要去計較付出，每個人有自己付出的方式

雖然大家常常說，談戀愛不要去計較付出，但我知道這件事情真的很難做到，畢竟大家都有投入，誰會希望自己的美意打了水漂？不過還是要提醒，或許對方不是沒有付出，只是付出的強度不如妳預期中的高、行動沒有妳預期的明確，但或許妳可以試著關注對方，是不是悄悄地用其他的形式在展現對妳的關愛。

兩性關係中，比起套用公式型態的應對策略，我更建議給自己一個機會，由繁化簡地去思考自己到底要的是什麼？不要什麼？適合什麼？自己能配對到什麼樣價值的異性？從這幾個層面去探討，特別是經過幾次的戀愛經驗後的我們，都應該要學會總結跟收斂自己的目標喔。

搞懂男人的戀愛邏輯，
談一場雙向奔赴的戀愛

作者——羅馬
設計——張巖
主編——楊淑媚
校對——羅馬、楊淑媚
行銷企劃——謝儀方

總編輯——梁芳春
董事長——趙政岷
出版者——時報文化出版企業股份有限公司
108019 台北市和平西路三段二四〇號七樓
發行專線——（02）2306—6842
讀者服務專線——0800—231—705、（02）2304—7103
讀者服務傳真——（02）2304—6858
郵撥——19344724 時報文化出版公司
信箱——10899 臺北華江橋郵局第 99 信箱
時報悅讀網——http://www.readingtimes.com.tw
電子郵件信箱——yoho@readingtimes.com.tw
法律顧問——理律法律事務所　陳長文律師、李念祖律師
印刷——勁達印刷有限公司
初版一刷——2023 年 1 月 18 日
初版三刷——2024 年 7 月 9 日
定價——新台幣 320 元

搞懂男人的戀愛邏輯，談一場雙向奔赴的戀愛 / 羅馬作 . --
初版 . -- 臺北市 :
時報文化出版企業股份有限公司 , 2023.01　面；　公分
ISBN 978-626-353-386-8(平裝)
1.CST: 戀愛 2.CST: 兩性關係 3.CST: 成人心理學 4.CST: 男性
544.37　　111021738

時報文化出版公司成立於一九七五年，並於一九九九年股票上櫃公開發行，
於二〇〇八年脫離中時集團非屬旺中，以「尊重智慧與創意的文化事業」為信念。